遺跡と一体化しようとする運命の旅人　ヘルセポリス　イラン

トトゥモ火山温泉　コロンビア

アンタークティック　南極

レンソイス　ブラジル

アイスランド

ウユニ湖　ボリビア

アンテロープキャニオン　アメリカ

サハラ砂漠　チュニジア

アカムパの世界放浪日記

118カ国を旅した放蕩息子の旅日記

鈴木善博
Yoshihiro Suzuki

文芸社

はじめに

私にとって旅は生きがいです。それは私のタオで、道で、山あり谷ありの感情的なものです。26年間で118カ国を旅して思ったことは、みんなどこの国に行ってもそこでの味わいがあるということ。経験のための経験、これが人間であることですね。

2009年

カナダ
アメリカ
キューバ
メキシコ
ベネズエラ
ガイアナ
スリナム
コロンビア
エクアドル
ブラジル
ペルー
ボリビア
パラグアイ
チリ
アルゼンチン
ニュージーランド

スウェーデン
フィンランド
アイスランド
ノルウェー
ロシア
イギリス
アイルランド
カザフスタン
モンゴル
フランス
スペイン
ポルトガル
中華人民共和国
日本
ネパール
アルジェリア
インド
モザンビーク
マダガスカル
ナミビア
オーストラリア
ジンバブエ
ボツワナ
南アフリカ共和国

目次

第一部　海外編

アリゾナ　セドナ

ここは本当に不思議な場所である。昔はアメリカインディアンの聖地として崇拝された場所であったが、彼らはそこに住もうとはしなかった。今年の春（2000年）、3か月実際に住んでみてその理由がわかった。町全体がヴォルテックス（回転する渦のようなエネルギーのこと）と呼ばれるエネルギーフィールドの中にあるからだ。1週間もいると、身体がこの強力なエネルギーに滅入って、いったんどこかほかの町に行かなければならない感覚になってしまうのだ。

セドナにはマッサージやチャネリング（霊的な存在との交信）などのヒーリングをする人たちが非常に多く住んでおり、ニューエイジの町と呼んでもおかしくないほど、その関係の店がいたるところにある。

私はその時、アメリカ人のハープ奏者であり、結婚式の牧師さん、写真家、そしてビデオ撮影を一人で行うエンジェルの風貌をしたミアさんと、大きな家をシェアしていた。彼女も同様に、1週間に一度はここを離れたくなると感じていたようだ。よく2人で、ここから北へ車で1時間弱のところにあるフラッグスタッフという都市に行き、異なるエネルギーに触れてセドナに帰ってくると、ホッとしたものだ。

　そのミアさんが、仕事で結婚式を執り行う場所が、実はこの写真の場所で、キャセドラルロックという、その名前のとおり大聖堂であり、まさにセドナの顔となっている。

　私もここで結婚式の立会人を彼女からさせられたが、機会があれば私も、自分の結婚式を彼女に執り行ってもらいたいと思う。

　写真の後方に見えるのが、ベルロックと呼ばれるヴォルテックスのひとつで、私たちの家のバルコニーからの眺めは素晴らしく、朝食はいつもヴォルテックスを眺めながらとっていた。

去年はここの頂上に登ったが、落ちて死ぬ人もよくいるらしい。でも頂上からのスリルと眺め

夕陽に照らされるキャセドラルロック

は最高だった！

今年のミレニアムにアキレス腱を切ってしまい、セドナに来た時はギプスをはめて、松葉杖で歩いていた。だから大好きなハイキングもまったくできなくて残念だったが、最後の1か月は松葉杖で歩く必要がなくなり、医者から注意されたにもかかわらず、ギプスをつけてレッドロックを登ってしまった。ただ荒涼とした半砂漠地帯を歩いただけで、パワーアップしてしまう。人間には人間も必要だが、自然も必要だ。それと深くかかわるにはここは最高のスポット

秘境ルートをトレッキング中に撮影したベルロック。後方

トレッキング仲間と

トレッキングルートのケルン状の積み石

だと思う。そして私は、ここで現在の職業に出会った。英語でSerendipity《セレンディピティ》という言葉があるが、これは思いがけないものの発見という意味である。

私の人生はまさにそのひと言に尽きる。人生とは、待って成り行きを見ることにすぎない。人生とは、求めずして思わぬ発見をすることだ。私たちになんの責任もないし、私たちはどうしようもなく無能である。世界を放浪していて、それをまさに肌で感じた。目に見えないとてつもない力によって、実はすべてが支配されているのだ。そのことをまず頭で理解し、仕組みを納得すれば、自然と一体になって生きていくことができる。自分自身を愛しなさい。

ハワイ　オアフ島

ここは日本からも大勢の人たちが訪れる観光地だが、その混み合ったワイキキビーチの中心から離れて、ちょっとはずれにあるローカル的なビーチで夕方のひと時を楽しんだ。

一日のうちで太陽に目を向ける時は、やはりこの日が沈む時であろう。一瞬にして沈んでいく太陽。光は暗闇なしでは存在しない。アメリカで一番感動するのが、何よりも空の美しさである。

上を向いて歩こうよ。そこには自然の創

ハワイ、ローカルビーチでの夕陽

り出す芸術の深みと、未知なる宇宙の神秘が隠されている。
悲しい時、夕陽を見ながら悲しみに浸りなさい。
幸せなら、人と手を取り合って、それを分かち合いなさい。
太陽は沈んでいくが、また再び昇ってくる。ありがたや、ありがたや。

キューバ　ハバナ「ウルティモ・カルチャー」

キューバというのは非常に不思議な国のひとつだと思う。

何がそんなに不思議なのかというと、ラテンの国にもかかわらず、それが社会主義のお国だということ。どうも私にはそのイメージが繋がらない。明るく陽気なラテン民族に、ひと昔前の中国や旧ソ連のような暗いイメージが、どうもマッチしない。だったら、早速その国を体験してみようということで、怪しい探検隊のメンバーじゃないけれど、私は世界で最も美しいビーチリゾートのひとつである、メキシコのカンクンからキューバに飛んだ。

1泊の中級クラスホテル滞在が含まれていたので、初日はのんびりとして、市内を歩き回った。

歴史的にキューバはアメリカと仲がよくないようで、アメリカからの直行便はない。パスポートにもキューバのスタンプは押されず、ビザカードに押される。周辺がアラブ諸国に囲まれたイスラエルでスタンプが押されなかったように、何かここが特殊な場所であることを感じさせられた。

このような特異性がキューバをユニークにしている。フロリダには本当に近いのに、アメリカとは敵対関係にあるキューバ。アントニオ・マセオやチェ・ゲバラ、カリクスト・ガルシアなどの反逆者を生んだキューバ。キューバのいたるところにチェ・ゲバラの肖像画が飾られている。いかにも国民的ヒーローだ。

さてキューバには3種類の通貨があり、一般国民が利用するペソ、これは外国人も使えて、街角にあるまずいピザ（でも一番まし）や、どうしようもないカフェテリアのマズイ飯にも1ペソでありつける。

ほかにローカルのボロバスにも使えるが、外国人にはその利用が基本的に禁止されている。これでキューバがいかにも社会主義のお国と実感させられる。でも、私のような貧乏旅行者にはローカルバスが一番経済的な移動手段。時に黙って、ローカルのバスに乗り込むが、たいてい見つかるから気をつけよう。

次に米ドル。アメリカを敵視しているくせになんで米ドルを使うのかよく理解できないが、そこがキューバのいいところ。これなら輸入品のまともなお菓子や高級エアコンバス、ホテルや中級レストラン（でも味はいまいちかな）、タクシー、バーなどの贅沢な支払いに使える。

3つ目に、コンバーティブルペソが米ドルと同じような機能を果たす。なぜコンバーティブルペソが必要なのかは、まあそれもキューバのいいところであろう。

ハバナの町はかなり観光地化されているが、それなりの渋みもある。

その中で特に目を引いたのが車で、60年代ものと思われるアメ車がどーんと道の片隅に止まっている光景は、今のアメリカにはない、ひと昔前にはやったテレビドラマの「ハッピーデイズ」のワンシーンを思わせる。そこでコイーバやモンテクリスト、ボリバーなどのぶっといキューバン・シガーを口で噛んでいたりする人が登場すれば、これはもうマフィアかなんかが出てきそうな、それこそ古きよき、危うきアメリカ像がここキューバで再現できる。

パルケセントラル（セントラル公園）や城などがある旧市街から西に2キロ行ったところに新市街があり、そこの目抜き通りのカエ23（23番通り）沿いには、高級ホテルやナイトクラブ、レストラン、パブなどがずらりと並ぶ新市街がある。

ここは観光客が一度は足を踏み入れる観光スポットで、外貨稼ぎにキューバ人が獲物を狙う格好の場である。物売りから、サルサを教えてやるわと寄ってくる人、一杯飲みに行こうと誘ってくる人、ひと晩いかがとお誘いに来るお姉ちゃんたち、飯食うから金くれとせがみに来る馬鹿者、もうひっちゃかめっちゃかに、いろんな人たちが外国人旅行者の懐をうかがいにやってくる。

でもそこは社会主義のお国だから、ほかの中米の恐そうな国に比べると、夜も安心して歩ける安全優良国。私はそのあたりにある中級クラスのホテルに泊まっていた。ちょっと散歩に出てみると、人がズラリと行列している建物が目にとまった。その建物は遊園地のような柵がある、かなりドデカイものである。

行列は入り口から左右に分かれて、それぞれ10メートルほどあり、なかなか先に進んでいかない。ここはいったいなんなんじゃ？　とガイドブックを開くと、なんとそれがあの有名なコッペリアアイスクリームパーラーじゃないですか！

キューバではどんな列に並ぶ場合でも、必ず大きな声で、「ウルティモ！」と叫ばなければいけない。これは「最後の人！」という意味で、これも社会主義らしい感じだなと実感させられる。

市バスなんかに並んでも、「ウルティモ！」と叫んで、最後に並んでいる人を見つけなければいけない。特にバスの列なんかはあっちゃこっちゃに人がいるので、これで確認しないとエライ目に遭う。おまけに乗車の際に、なんじゃこいつはというような人が、突然どこかから現われる。でも、ここのコッペリアの場合は違う。

一応、一列になっているので列の最後の人は明らかだが、挨拶代わりというかあなたの前には行きませんよという暗黙の了解というか、それとももうこれが習慣になっているのか知らないが、とにかく大声でここでも、列に並ぶのなら「ウルティモ！」と叫ばなければいけない。

パレードに出演する女の子たち。ちょっと緊張気味？

この遊園地サイズの巨大コッペリアアイスクリームパーラーに入場して、アイスクリームにありつけるまで、ほぼ1時間かかる。そこまでして、人はなぜここのアイスクリームを食べたがるのか、これは大のアイスクリーム好きの私にとって重要な研究課題になるので（でも実際にアイスが食べたいのが本音だよね）、「ウルティモ！」と叫んで、列に並んでみた。

ガイドブックで読んだのだが、基本的に外国人旅行者は列のないドル払いのアイスクリーム売り場に連れていかれる。つまり、3倍くらいの料金で質が劣るアイスクリームを買わされるから、なるべく旅行者っぽくない格好をして、なるべく目立たなく、じっとおとなしくして列に並んでいないといけない。

パレードに出演する花形美女

　でも、中に入ると右に左に上にと、いろんなところにアイスクリーム売り場があって、どこで何をどう買ったらいいのか要領がわからない。1階はカフェテリア形式で、2階はレストラン形式、でも出るものは全部アイスクリーム。2階に行ってみたが、なかなか注文を取りに来ないので1階に降りてみると、一度離れた列はもう二度と入れないようだ。でも強引に要領よく、カフェテリアの空いたイスにすぱっと座った。

　しばらくしてウェイトレスが注文を取りに来て、どのように注文したらいいのかよくわからなかったので、とりあえず隣の人のアイスクリームの6点盛りになっているプレートを指差して、「エステ（これ）」と頼んだ。ほかの客を観察してみると、なんとプレートを

2つも3つも頼む人がいるではないか。さらに、小型クーラーを持ってきて、そこにアイスクリームを入れている人もいる。みんな、6点盛りになっているプレートをペロリとたいらげていた。なんとすさまじい食欲じゃないかと、アイスクリーム好きの私もいたくビックリ。

早速、出てきたアイスクリームをひと口食べると、これがめっちゃうまい！　まずい食事にありついていた私は、このアイスクリームのうまさにさらに感激してしまう。私の大好きな高級カップアイスほどではないが、それでもいろいろな国で食べてきたアイスクリームの中でもなかなか上等上等。

で、私もローカルに負けじともうひとつ「ウノマス！」と注文しようとしたが、ウェイトレスは、注文は1回だけと冷たい態度だった。じゃあ、「ラクエンタ」とお会計してもらうと、これがたったの30円！　んーん、これはやばい！　キューバではまりそうなのは、サルサでも、ムシカ（音楽）でも、ムヘレ（女性）でもなく、エラド（アイスクリーム）になるという不気味な予感がした。

この予感は的中して、私は次の日もこのコッペリアの長～い列に並んだ。そして座ったはいいが、昨日食べたバニラのアイスがないではないか！　どうやらセクションによって売りきれるものがあるらしい。そこではシャーベット類しかなかった。

だからこっちの列はすいていたのか！　それではと2階に上がっていったが、今度は係員に止められた。そこをなんとかお願いじゃ、「ポルファボール！」と懇願したが、社会主義のお堅いお国で、ウルティモ文化が根付くキューバには全く通用しない。ほかの飯がまずいこともあり、このアイスクリームはキューバの食生活を励ます原動力になっているからなおさらのこと。

不思議な社会主義国キューバで身にしみて体験したことは、この「ウルティモ文化」だった。そこには陽気なラテン民族の血と、その民族に課せられた社会主義の掟、その規範に従ってはいるが抑圧された不満が、この「ウルティモ」に隠されているような感じがした。

ブラジル　リオデジャネイロ「カーニバルはやっぱり、リオですね」

前から何度も戻ってみたいと思っていた町がひとつあった。それはリオデジャネイロだ。ところがなぜか、16年間も戻れなかった。そもそも遠い。

16年前のブラジルは、旅行者にとってあまりにもお得な国で、リオのホテルはシングル1泊1ドルで、トイレ、シャワー、朝食付き。私はすっかりはまっていた。毎日コパカバーナビーチを通って、シュガーローフ（リオデジャネイロ市南東にある絶景の奇石）と褐色のビキニ姿を眺めながら、こんな天国のようなところがあっていいものかと、超幸せな毎日を送っていた。そんなパラダイスに戻ったら、まともな生活を送れなくなってしまう（地獄のような生活？　果たしてどっちがどっちなのか？）という恐れがあったから、戻れなかったのかもしれない。

さて、今回は知り合いのアパートが空いていたので、そこに宿泊させてもらうことになった。

そこは、有名な巨大キリスト像が丘の上に立つ、コルコバードに行くためのインクライン（ケーブルカー）の駅近くで、町の外れだけれどコパカバーナビーチまでバス一本で行けて、高台にあるので都会の町のリオにありながら窓の外を眺めると、ジャングルのような景観も目に飛び込んでくる。カーニバルの時期の真夏にいたが、窓を開けると涼しい風が部屋を抜けていく。特に朝起きると、トロピカルな感触で目が覚めるという、なんともいえない天国みたいなところだった。

ここ数年、ブラジルは１ドル＝１ヘアオという固定相場を取っていたのだが、アルゼンチンの経済が２００２年に破綻したので、その影響かどうかブラジルも経済的に崩れて、私がいた時は１ドル＝３・５ヘアオまで下がってしまった。その恩恵を得て、私の懐はリッチになり、贅沢三昧とまではいかないが、16年前を思わせるような激安価格でリオ生活を満悦していたのだ。

たとえば、ランチタイムの中華のブッフェで20種類以上のメニューが取り放題で、お会計は１ドルもしない。搾りたてのマンゴージュースも１杯１ヘアオと、店のオーナーに感謝の気持ちを述べたくなるほど、おいしくて安い。ホテルも16年前と同じようにはいかないけれど、フォルタレサという東北にある地方都市で、朝食、キッチン、バス付きで１泊５ドルというお値段。もうブラジル大好き！

さて、今回はいろいろとブラジリアンの友達（でもちょっといい加減だけど）ができて、カーニバルも見られるだけでなく、なんと出場もできるらしい。ほんまかいな？　と大阪人のノリになってしまうが、ほんまらしい。衣装を買いさえすれば、どこのエスコーラデサンバ（サンバチーム）であろうと、ファンタジアというメンバーになって出場できるらしい。

ニュートリノ観測でノーベル賞を受賞された小柴昌俊東京大学名誉教授のお言葉にもあるように、「阿波踊りもやってみないと、そのよさがわからない」。リオのカーニバルも、やってみないとそのよさがわからない？　でも、サンバも踊れないくせに大丈夫か？

私の友達曰く、「大丈夫」。私はその時知らなかったのだが、彼はブラジルで結構伝統のあるサンバスクールの、サルゲイロに所属していた。そこの衣装を400ヘアオとちょっと高かったけれど、一生に一度の思い出だと、えいっとばかり奮発したのだ。

ところが、どうもこの注文を受けたパウロという奴がくせものらしく、お金は振り込んだものの、衣装の受け取り場所をなかなか知らせない。いよいよ、カーニバルの3日前になっても携帯で連絡は取れず、警察にでも行こうかなと思っていたところ、やっと携帯がつながり、衣装を受け取る場所を伝えてくれた。

しかし、そこに行ってみると私が注文したはずの衣装がないではないか？　これには私も頭がプッツンきて、しかも、明日出場予定なのに、どうしてくれるとその衣装屋に話したところ、パウロが私に注文を入れなかったと責任逃れ。で、パウロに電話したところ、ほかのエスコーラ（チーム）のものであれば問題ないと言う。さっそく奥の部屋を覗いたら、在庫の衣装が床いっぱいに転がっていた。

「クソー！　パウロめ。外国人に売れない衣装を売りつけるつもりだな」と、腐った商人根性になんの言葉も出なかった。でも、後の祭りで、もうどうにもならないし、カーニバルには出たい。で、結局、ユニドスダスチジュカというマイナーらしきエスコーラに参加することになった。

ド迫力満点のお立ち台の美女たち

「これだったら、200ヘアオだ！」と強くパウロに主張したところ、衣装屋はすんなり200ヘアオを返してくれた。この素直さに私のファイティングスピリットは萎えてしまったが、もうこれで手を打つしかない。しかしパウロめ、よくも騙しやがったな。
　ということで、カーニバルの切符もコパカバーナに

マナウスから来たファンタジアと一緒にスナップ

ある旅行代理店でオフィシャルなら70ヘアオで買える13セクターの切符を250ヘアオで買わされてしまった。2日前で席もあまり残っていなかったので、騙されていることは多少わかっていたけれども、やはりあと味がよくない。カーニバルのダフ屋のほうがもっと安い値段で売ってくれる。

カーニバルに行くのなら、ある程度のお金の損失は防げない。盗難に遭わなかっただけでもまだましだね。

私たちのエスコーラのファンタジアは、タイガーのユニフォームだった。なんか、衣装が安っぽいが、これで踊るのだ！　しかも、この写真では見えないが、頭の上になぜか建物の形をした帽子をかぶらないといけない。どうにもこれがタイガーの衣装と不釣り合い。このデザイナーの、なんとセンスの悪いことか。おまけに、踊ると建物が頭の上から崩壊してくるので、あまり過激に踊れないし、顔もよく見えない。これでは立て看板を持った人間広告塔のようだ。

どうせ私はサンバをまともに踊れなかったから、この件はどうでもよかったが、このエスコーラはブラジリアンでもあまりサンバが上手じゃないと見えて、せっかくのスタジアムでのパレードも観客はどっちらけで、見向きもされない。それが延々と2キロぐらい続くからたまったものじゃない。参加したもののカーニバルを楽しむどころか、「俺はここでいったい何をやっているのだ」と呆然とする始末。

しかし、ほかのエスコーラのお姉さんダンサーたちと一緒に記念写真を撮ったり、ラジオ局からも外国人ということでインタビューもされて、一種のスター気分を味わえただけでも最高だった。

モンゴル　ウランバートル「モンゴルへの旅は北京から始まった」

北京に着いて早速、国際列車の手配をするため鉄道予約センターに行ってみたのはいいが、ちょうどモンゴルのお祭りであるナーダムの時期に重なってしまったので、次の切符が取れるのは3週間後という悲惨な話であった。

このあと、アフリカに行く予定だったので、どうしても今週中には出発しないといけない。どうしよう、どうしようと思案に暮れていると、日本人らしき旅行者の人も何か悩んでいる様子であった。

声をかけてみると、やはり日本人で、モンゴルに行きたいが席が取れないという。今度は2人でいろいろ考えてみることにした。「どこに泊まっているの？」と尋ねると、なんと同じプール付きのホテル（といっても4人用の相部屋）だったので、再びびっくり。で、彼（YUKIさん）の同居人は羨ましいことにモンゴル人の女性3人であった。

えっ、モンゴルの人だって？　それなら、ほかのルートでモンゴルに入る方法を知っているかもしれない。その直感がまず頭をよぎった。早速ホテルに帰って、彼女たちに尋ねることにした。が、残念なことに彼女たちは英語ができなかった。ガイドブックのモンゴル語を参考にしながらコミュニケーションを取ったが、わかったのは、どうやら彼女たちもモンゴルに帰るということだけだった。でも細かいことがわからない。

困っていたところ、モンゴルに2年住んで、ゲルを使った遊牧民生活を勉強してきた日本人のカップルが現われた。もちろんモンゴル語オーケー。そこでその日本人カップルにお願いして、彼女たちがどういう方法でモンゴルに入るのか聞いてもらった。

なんと、彼女たちは2日後にモンゴルに帰ると言っている。ガイドブックにも載っていない情報で、インフォメーションでもわからなかったバスがあるのだ。「チケットは？」と尋ねると、当日買えばいいという不安な返事だったが、ここは彼女たちの言葉を信じるしかなかった。

そしてYUKIさん、モンゴル人女性3人と彼女たちの山のような荷物と一緒に、マイクロバスタクシーで行ってみると、本当にバスターミナルがあった。チケットも彼女たちのおかげで購入できた。でもそれは中国の国境止まりで、そこからタクシーに乗り換えて国境越えをしないといけない。ほかに彼女たちの仲間でロシア人の女性一人、それとどのように情報を嗅ぎつけたのか知らないが、オランダ人の女性2人と男性1人がいた。

そうこうしていると、今度は竹刀を持った男がどこからともなく現われた。最初は日本人かなと思ったが、「ワタシワニホンニ、アイキドーナライニ、イッテイマシタ。キョウ、

北京のバスターミナルで。夜行バスの豪華メンバーたち！

ニホンカラ、カエッテキマシタ」と、外見も心も日本人！　というようなモンゴルの男性だった。

そして、プリクラに出てきそうなかわいい女の子たちが現われた。今度こそは絶対に日本人の女の子だと思ったら、またハズレ！　彼女たちは姉妹で、２人ともシンガポールに留学しているモンゴルのお嬢さまであった。日本人のリッチなボーイフレンドがシンガポールにいるそうだが、英語しか話せない。それにしても、日本人の祖先はモンゴルから来ているのかと思わせるほど、私たちは顔がそっくり。ほかに、英語を話すモンゴルの親子と国籍不明の男性数人が加わった。これでなんとかモンゴルに入っても、言葉の不安はなくなった。

そしていいよ、この豪華メンバーによ

る夜行寝台バス（バスの中には寝台二段ベッドがあり、なんとひとつのベッドに２人が寝るという、インドでさえ経験しなかった余裕のなさ）の旅がこれから始まろうとした。

これだけ大勢の友達が短時間にできたこともあって、バスの長旅は非常に楽しいものとなった。やがて日が暮れ、バスは中国の内モンゴルに入りかけて、広漠な景色となっていった。しかしバスは結構なスピードでデコボコ道を走るので、天井に頭がぶつかりそうな勢いで上下に揺れる。いつの間にか、バスは中国とモンゴルの国境の町、二連浩特に着いていた。それからモンゴル人の女性たちと一緒にホテルに行き、次の日の国境越えに備えた。

タクシーと夜行列車を乗り継いで、ウラ

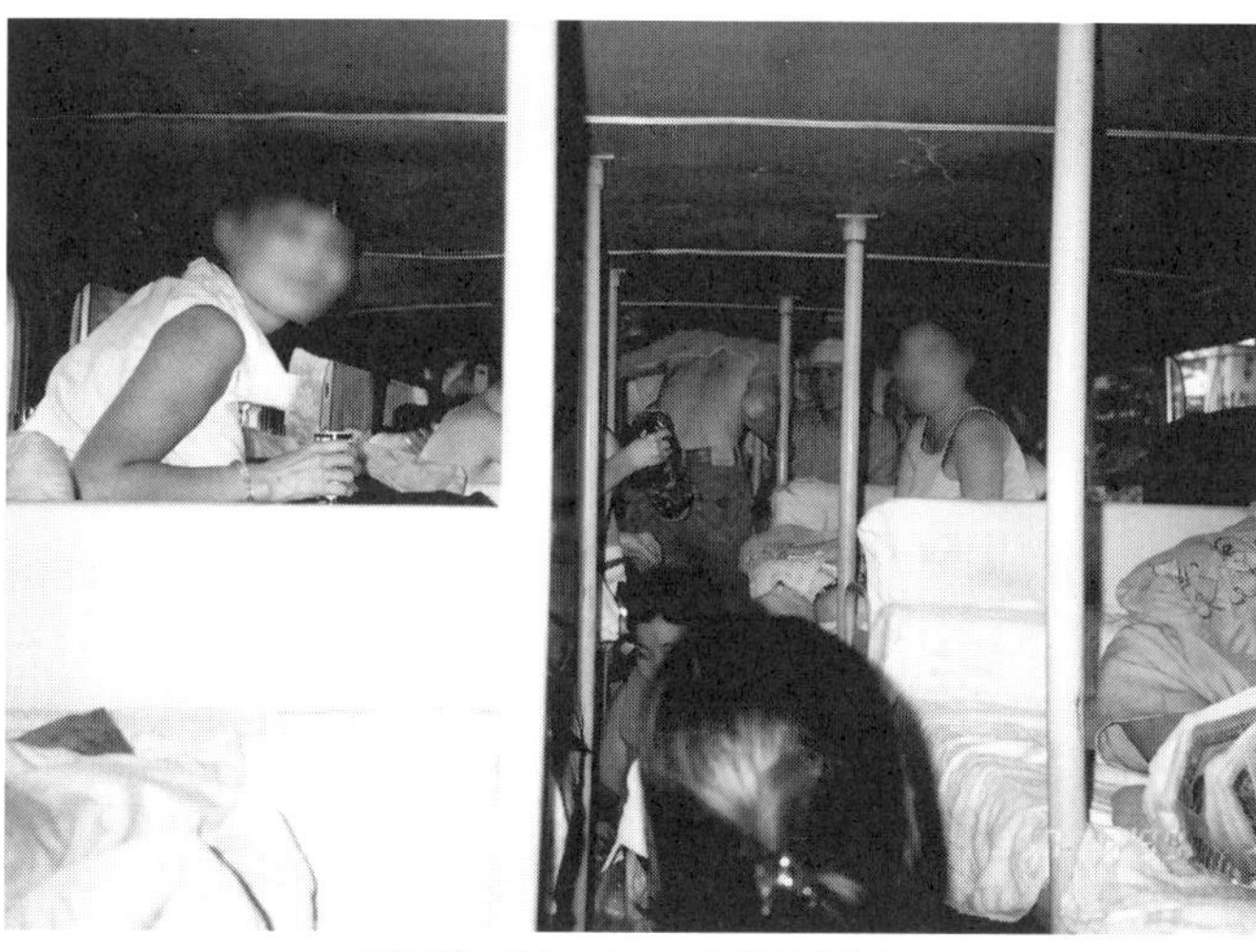

夜行バスの中。ちょっと狭そうかな

ンバートルの町に翌日の朝着いた。早速安宿を探して、腰を落ち着けた。みんなばらばらになってしまった。

次の日に、ナーダムというモンゴル最大のお祭りの開会式があったのでそれに行ったが、入場券がなかったので中に入れずうろうろしていたら、プリクラ嬢とばったり会った。彼女は顔の利くおばさんと一緒にいたので、おばさんがちょっとひと言警備員に言うと、すんなり我々も中に入れてもらえて、前列の特等席で開会式を見ることができた。

その夜アイキドーの先生が、彼の友達の経営するスヌークラブに連れていってくれた。そして、今いるゲストハウスが混んできたので、どこかいいところを知らないかと彼らに尋ねたら、「それじゃあ、君がそこに払っている同じ金額を払ってくれたら、私のアパートの一室に泊めてあげる」とスヌーカークラブの経営者は言ってくれた。

ある日、親戚が郊外の別荘に集まるので、君も来ないかと誘ってくれた。彼の別荘に行ってみると、にぎやかに羊の内臓料理を出してくれた。これはナーダムの時に出されるモンゴル人にとってはご馳走である。でも内臓よりも肉のほうを食べ慣れている日本人には、ちょっと変わった味がする。そして、そこのご主人が席に着くよう命じて、ウオツカを私に注ぎだした。私は酒には強いほうではないが、むしろ、とても弱いのだが、一応、敬意を表してグイッと飲んだ。

この一杯でお役御免と思ったが、さらにこの主人は注いできた。2杯目が注がれ、これ

ウランバートルの郊外。非常にのどかです

で私はもう注がれはしないだろうと思った。だがこの考えは非常に甘かった。またご主人がビンを上げかけたところ、もう今度は断らなければ、と思っていたが、注ぐほうが早かった。

周りの目が気になる。くそー、こうなったら、国際交流、日本とモンゴルとの親善のため、政情悪化しないように、あたかも自分のこのひと口にその責任がかかっているかのように、水を飲むようにウオツカを3杯も飲んでしまった。その時は別になんでもなかったが、自分の部屋に戻ると、突然、目の前に星が輝きだして、脳が今にも破裂しそうになった。よく生きて次の朝を迎えられたと我ながら驚いたものだ。

郊外のゲルにほかの日本人たちと行く機会もできたので、そこにも一泊した。

着いたら、早速、馬乳酒で歓迎してくれた。これは最初に飲む時に気をつけたほうがいいとガイドブックに警告されていたが、別に問題はなく意外とおいしく、予想されたどぎつい臭いはなかった。

そこでも我々のために羊二匹を犠牲にしてくれた。これは我々が大歓迎されている証拠でもある。でもやはり出されたのは、内臓であった。彼らは犠牲になった羊の血を一滴たりとも無駄にしなかった。出た血を内臓に詰めて、それを煮て、食べる。あまり味はなく、どちらかというとソーセージの味のようだが、野菜をあまり食べない遊牧民にとって馬乳酒とこの血の詰まった内臓こそが、ビタミンとミネラルの供給をしてくれるのだ。

そして羊の骨は一本一本に色が塗られて、ゲームのサイコロのように使われる。犠牲になったものを崇めて、血の一滴たりとも無駄にしないこの生命を尊ぶ気持ちは、アメリカインディアンの部族の中にも見られる。こういう習慣があるから、生命が崇められ、その価値が再認識され、健全な生活を営めるのだろう。モンゴルでもいろいろなことを学ばされた。

お世話になったゲルのファミリー

過去生でこんなところに住んでいたのかな

ネパール　エベレストトレッキング

この日記は1996年にネパールのエベレスト地方をトレッキングした時の内容である。もうずいぶん昔のことであるが、なぜか今になって、そのことが書きたくなった。

その前にひとつの出来事を先に述べておくと、そのエベレストトレッキングから5年経った2001年に、偶然、バンコクのカオサンでフランス人の女性と再会した。向こうが私のことに気づいて、声をかけてきた。驚いた。彼女とはこれから書くエベレストトレッキングで一緒に旅をした。

エベレストベースキャンプは、すでに高度5000メートルを越えていた。以前、アンナプルナ・ベースキャンプに滞在した時、5000メートルとはいかないが、4000メートル以上はあったと思う。そこで夜、高山病にかかり頭が痛くなった。今回はなるべく高山病にかからないように、3000メートル級のところにあるナムチェバザールでゆっくり調整をしたつもりであった。

だが、エベレストベースキャンプに着いた時は別になんともなかったが、夜になって頭痛がし始めた。日本の大学の登山チーム数十人が、ベースキャンプの山小屋にやって来て、夜、窓を締めきった部屋でタバコを吸いだした。一人だけでなく、何人かがベッドの中で吸っていた。換気が悪いので、タバコの煙が部屋の中に充満した。頭痛は朝まで続いた。

その朝、さらに500メートル登って、そこからエベレストを見るつもりであった。しかし高山病にかかったら、高度を下げるために下山しないといけない。下手をすると生死に関わる。さらに高度を上げるなんてもってのほかだ。

私はベッドの中でどうしようかと考えていた。フランス人の彼女にまだ少し頭が痛いから、様子をみたいと話した。そうしたら彼女は、散歩にちょっと出かけると言って、出ていった。

しばらくして、調子が少し上がり、これなら大丈夫そうだとエベレストを見に行くことに決めた。あとは彼女を待つだけだ。

ところが、彼女はなかなか戻ってこない。これは困った。早朝に出かけないとエベレストは雲にかかって、見えなくなるかもしれないからだ。まだ彼女は戻ってこない。よし、こうなったら一人で行こう。彼女には悪いが、一人で出かけることにした。

症状が悪化しないように、なんといっても生死に関わるから、ゆっくりと、そして特殊な呼吸法をして登り始めた。

特殊な呼吸法とはファイアーブリージングと呼ばれるもので、鼻をかむように息を思いっきり吐き出して、それを短時間のうちに何回か繰り返す。息を吐き出せば、自然と息が入ってくる。そして息を吐く時、両腕を思いっきり振って、息を深く吐き出す。これを登りながら行った。酸素をなるべく短時間に多く取り入れるためだ。

　下を見ると、恐ろしいほど自分が高いところにいると感じさせる絶壁のところを歩いている。気でも失ったらまっ逆さまに転落して、あの世にまっしぐらだ。一歩一歩ゆっくりと、時間をかけながら、危険な道を登っていく。でもファイアーブリージングの効果はかなりあった。頭痛もそんなにしなくなり、命取りの高度を上げることにも支障をきたさなかったようだ。

ゴーキョピークで旗揚げ！（旗は既に立ててあった）

　そしてやっとその時がやって来た。エベレストが顔を出していたのだ。
　30分くらい経つと、雲がかかって、見えなくなってしまった。ベースキャンプに戻ると、彼女が待っていた。ちょ

感激のエベレスト。左奥の黒っぽい山

っとふくれっ面をしていた。散歩から戻って来て、僕がいないのがわかると、彼女もすぐに出かけて、日本人の登山チームと合流してしばらく登ったが、途中で気分が悪くなって引き返したそうだ。

カトマンズに戻って、しばらく「都会」で「文明」に触れた。そして、彼女とお別れの時がきた。「バイ」「バイ？」彼女は私を睨みつけた。

今から思うとなぜあの時ボクと一緒に来いと言えなかったのだろう？　いつもボクの出会いはこの「バイ」で「ジ・エンド」になった。それで今でも独身でいるわけだ。

それから5年経って、皮肉にもまた彼女と会った。お互いしばらく見つめ合った。でも彼女は相変わらず昔のままだった。でも彼女は言った。

「私は結婚して、子どもがいるわ。バンコクには仕入れに定期的に来ているの。フランスの田舎で家族と暮らしているわ」

一瞬、私の脳裏にひとつの映像がよぎった。彼女の子ども、家庭、ボクの子ども、ボクの家庭……でも、その代わりに彼女がボクに与えてくれたのは自由だった。

親からのひと言。そんなふうに思っているから、いつまでも子どものままでしょ。ちゃんと腰を落ち着けて、安定した仕事を見つけて、結婚して、子どもをつくって、大人になりなさい！

エストニア　ナルバ

エストニアはバルト3国の中で一番北に位置している国で、経済的にも一番豊かである。首都はタリンという港町で、見所はオールドタウンに集中している。日本人観光客もちらほらと見かけたが、ほとんどがフィンランドとロシアの中継国として素通りするらしい。私の母も今年の夏に素通りした観光客の一人であった。

この国を体験した私の見解から言うと、素通りするのには、ちょっともったいない国のひとつである。急にここに来たくなって、タリンにアパートを借りて、2週間ほど住んでしまった。まず驚いたのが、生活するには超物価安であること。次に人が親切でほかの東欧諸国とは違って、何かを買うにしても、言葉がわからないのに、笑顔でやさしく対応してくれることだ。何よりも旅に出ると、人のあたたかさや親切心がその国の印象をよりよいものにしてくれる。

ナルバという町は、エストニアの北東に位置していて、町の中にロシアとの国境がある。次ページ上の写真は川を隔てて、左がエストニア、右がロシアである。ロシアに向かう検

ナルバの国境。川を隔てて左がエストニア、右がロシア

問所がいつも混み合っていて、橋のところに車が渋滞している。

ナルバは私のガイドブックに載っていなかったので、ある理由がなければ、ここには来なかった。それはある人物に会うためだったのだが、結局、その人とはそんなに縁がなかった。ところがある場所に縁があった。そのためにここに来るようになっていたのかもしれない。セドナの章で、Serendipity（セレンディピティ／思わぬ発見をする能力）という現象について触れたが、今回もそれを感じた。

今までヨーロッパを巡ってきたが、伝統的旅行者のモットーの中に何もないとされているヨーロッパの町中で、唯一見るものは教会くらい。なので、主要な教会はほとんど訪れた。

　ところが教会が立派であれば観光地化されていて、大勢の観光客が押しかけたり、コンサートなどに使われたり、地味であれば結婚式や地元の人たちがお祈りや罪の告白をするのに使われるのがやっとである。精神修行者として、ここぞというところはあまりなかった。

　けれどもナルバにあった写真の教会は違った。牧師が密教的な儀式を、地元民を前に行う光景に初めて出くわした。それだけでなく、教会に入った瞬間、強いデジャブを感じて立ち続けることができなくなり、近くにあったベンチに腰を下ろしたが、今度はなぜか涙が止まらなくなった。別に理由があって泣いているのではなかったが、胸がきゅんと締め付けられ、この光景が非常に懐かしく感じられた。

ナルバのロシア正教会

正教会の内部。御香がたかれている

人前で泣くことはめったにない。でもこの涙は止まらなかった。今はただ自分の内側を見つめて、何事が起きようとそれを自分なりに受け入れようとした。

私は別にキリスト教徒ではないが、新約聖書ルカの福音書の第15章に以下の話がある。

ある人に息子が二人あった。弟が父に、「おとうさん。私に財産の分け前をください」と言った。それで父は、身代をふたりに分けてやった。それから、幾日もたたぬうちに、弟は、何もかもまとめて遠い国に旅立った。何もかも使い果たしたあとで、その国に大飢饉が起こり、彼は食べるにも困り始めた。……私はここで、飢え死にしそうだ。立って、父のところに行って、こう言おう。「おとうさん。私は天に対して罪を犯し、またあなたの前に罪を犯しました。もう私は、あなたの子と呼ばれる資格はありません。雇い人の一人にしてください」

　こうして彼は立ち上がって、自分の父のもとに行った。ところが父親は、しもべたちに言った。

「食べて祝おうではないか。この息子は、死んでいたのが生き返り、いなくなっていたのが見つかったのだから」

　そして彼らは祝宴を始めた。……すると兄は怒って、家に入ろうともしなかった。それで、父が出てきて、いろいろとなだめてみた。しかし兄は父にこう言った。

「ご覧なさい。長年の間、私はお父さんに仕え、戒めを破ったことは一度もありません。その私には、友達と楽しめと言って、子山羊1匹くださったことがありません。それなのに、遊女におぼれてあなたの身代を食いつぶして帰ってきたこのあなたの息子のためには、肥えた子牛をほふらせなさったのですか」

　父は彼に言った。

「おまえはいつも私と一緒にいる。私のものは、全部おまえのものだ。だがおまえの弟は、死んでいたのが生き返ってきたのだ。いなくなっていたのが見つかったのだから、楽しんで喜ぶのは当然ではないか」

　これは放蕩息子のお話である。私の仕事で専門的な話になるが、私の父親から継承した遺伝子はＵＡＡという塩基の組み合わせで、その遺伝暗号は停止コドンとなる。これは易の64卦の33番目の卦に相応する。その意味は隠遁で、プライバシーを要求する。それが13番目の卦と融合すると、放蕩者、すなわち目撃者のデザインとなる。これは表明する人で、いろいろな経験をして、そこから賢くなっていき、また自分の源に戻って、その智慧を人と分かち合うことである。自分が隠遁して、過去を内省し、そして機会が来れば、「私は憶えている」と声に出す。ある意味で、禅の十牛図の物語と似ている。

人間の人生とは、道徳的な見方をすれば、判断という狭い見地でしかものが見えない。それがたいていの人間の人生観である。ところが遺伝子に従った人生を見ると、そこにはその個人の生きるべき命令がプログラムされている。人間が生まれてきたのは、そのプログラムを遂行するためである。そして人間がそのプログラムに気づく時に、父に象徴される神から報酬が与えられる。人間が、より神に近い存在となり得る。

ギリシャ　レスボス島

　バンコクのカオサンロードでまたしても出会った。去年に引き続いて、今年もまったく偶然に。これは何かのメッセージなのだろうか。彼女はインドで私にベリーダンスを教えてくれたギリシャ人の先生であった。その彼女に、「今度、ギリシャのレスボス島でベリーダンスのグループをやるから、来ない?」と誘われた。「そうだね。でも一人ではなんだから、人が何人か集まったら行くよ」と、その時は気軽に返事をしておいた。ところがそれが現実となった。

　その頃ちょうど大阪で、ある旅行会社の人と知り合って、ベリーダンスツアーをやりたいと話したらすっかり意気投合。あとは参加者を募るのみとなり、知り合いや私のお客さんに声をかけると、簡単に募集人数が集まってしまった。

「エーゲ海の島でベリーダンスを」

　青い海の中に浮かんでいる島で、太陽の輝く光を浴びながら、ベリーダンスを踊る。こ

エラスミア先生と夢の競演、右側は運命の旅人

れは想像を超える光景ではなかろうか？

ゾルバダンスもいいが、もっと官能的なベリーダンスがギリシャには似合っているかも。

レスボス島はレスビアンの発祥地らしいが、ギリシャ有数の美しい島だ。レストランを巡ると、たこが干してある。でも一番驚いたのは、バナナボートのアイスクリームの量である。一人の参加者がそれを注文したが、アメリカ人もびっくりといったボリュームだ。さすが外国、日本のスイーツの常識を上回る。

さて、肝心のベリーダンスはレスボス島の奥地で行われた。そのグループはオープンフィールドで行われ、最終日には皆、衣装を着て技を磨くというより、ただただ雰囲気を満悦するといった感じ。

日本人もギリシャ人も、みんな我を忘れてベリーダンサーに変身して、うまかろうがうまくなかろうが、音楽のリズムに合わせて大自然の中で解放感に浸って踊っていた。

生きていることは祝祭だ！

旧ユーゴ　スロベニア、クロアチア、ボスニア・ヘルツェゴヴィナ、セルビア・モンテネグロ、マケドニア

▼2004年8月1日　トリエステ（イタリア）、ピラン（スロベニア）

ドイツでのチベタンパルシング（177ページ参照）のトレーニングが終わって、私もゲルマン民族と同じように南へ、太陽へ、ビーチへと夏休みの民族大移動の一員となった。

運よく、イタリアのトリエステからチベタンパルシングのワークショップ参加者がいたから、シェアライドでガソリン代と高速代の半分を払って、トリエステのユースまで乗せていってもらった。ドイツのミュンヘンから、ほぼ6時間の距離であった。ここから旧ユーゴの入り口となるスロベニア行きのバスが出ている。しかし、ついた日にはバスがなく、翌朝の出発となるのでトリエステに一泊することにした。

翌朝、出発まで時間があったので、ビーチやお城などをうろついた。トリエステからクロアチアまでの海岸は岩場が多く砂浜がほとんどないのだが、それでも毎年夏になるとドイツやオーストリアから多くの観光客がキャンピングカーに乗ってやってきて、なんと歩道のアスファルトの上にビーチタオルを敷いて日光浴を楽しんでいる。太陽を求めて1週

間から1か月近くを過ごすためにやってくるのだ。

さて、バスで到着したスロベニアでは、まずピランという観光地に行ったが、観光客の多さと物価高に閉口して、3時間後のバスでクロアチアに出ようと決定。その間、ユースに荷物を置かせてもらって観光地化されたピランの町をすばやく見て回るが、これといった見所がない。

スロベニアとクロアチアは飯もまずいうえ、物価がかなわんくらい高い。ほとんど、バーガーかピザの食生活を貧乏旅行者は強いられる。または、スーパーで買ったものをサンドイッチにするとか、苦肉の策がとられている。しかもユーロになってから、ヨーロッパでは物価がほぼ倍近くに上がり、近隣の東欧やトルコまでがそれに便乗して値上げをし、貧乏

トリエステの海岸沿いにある博物館

旅行者には非常に厳しい現状になってきた。

▼2004年8月2日　プーラ（クロアチア）

その後、クロアチアのプーラでは、途中バスで一緒になったフランス人の学生2人と同じユースに泊まる。ここは目の前がビーチになっており、少なくとも小石のビーチだったので、1日中思いっきり泳いでビーチでのんびりする。

▼2004年8月3日　スプリット（クロアチア）

次にスプリットに夜行バスで向かう。ここはコロシアムやほかの見所がけっこうあったので一泊するが、民宿のおばさんのけち臭い感じが気になり、次の日、すぐさまボスニアに向かう。

▼2004年8月5日　サラエボ（ボスニア・ヘルツェゴヴィナ）

比較的、戦火の少なかったスロベニアやクロアチアに比べてボスニアに入ると、どうしても戦争の悲惨さを目の当たりにしてしまう。戦前、この町はモスレムやセルビア人、クロアチア人、トルコ人、ユダヤ人などの多民族が平和に暮らしていたという。ところが、民族浄化の戦争が起きると、町の建物がひどく破壊されて、多くの人たちが犠牲になった。

スナイパー通りという町の一角の建物は、今でも無残に被弾の跡がくっきりと建物に刻まれている。それを見ただけで、この町でどんなことが起こったのか、その悲惨な歴史をひしひしと感じさせる。

町の中心はトルコっぽい感じで、モスクがいたるところにある。旧ユーゴで一番モスレムが多い町ではなかろうか。

クロアチアからやって来ると、観光客の少なさにちょっと安心する。そんな中でバスから降りると、自称ヤムナおばさんというセルビア人っぽい女性が、宿があるから泊まりにおいでと声をかけてきた。

まず、銀行に連れていってくれて、そこでボスニアの貨幣のクーナに両替。そのあとでヤムナおばさんの宿へ。バスで町の中心から10分くらい行った、なかなか眺めがいいところ。荷物を降ろしてリラックス。

しばらくして、日本人好きなヤムナおばさんが、これから町を案内してくれると言う。バスに乗って、最初にスナイパー通りに行った。ヤムナおばさんは非常に親切で、気前がよく「お腹すいた？」と聞いて、中にチーズとチキンの入ったアツアツのパンを買ってくれた。

スナイパー通りから川沿いに散歩して博物館に出て、それから15分ほど歩くと、トルコ

下町にあるライブリーなトルコ風リトルタウン。夜は大勢の人でにぎわう

風情のあるサラエボの町

風の建物がある町の中心にたどり着く。そこはなかなか風情があり、活気もあってモスレムの人たちが町の中を闊歩している。中にはあっと驚くような美人がいて、イエメンとかでは見られなかったモスレムの女性の素顔が見られる。

しばらく町を案内してくれたあと、レストランに入って夜食用にグリルチキンとフレンチフライをテイクアウトしてくれた。アパートに戻ると、オーストラリア人の客が待っていた。

次の朝早くオーストラリア人は出発し、それに代わって、日本人とフランス人のパッカーが入ってきた。２人は時間がないと言って、急いで町に出かけていった。それから私もヤムナおばさんと町に出かけると、日本人とフランス人のパッカーにばったり

本は読まれるためのものではなく、出口をふさぐために使われていた、爆撃を受けた図書館

会った。せっかくなので一緒にレストランで食事をして、それから隣のスイーツショップで蜂蜜がけのおいしいトルコ風スイーツを食べた。

宿に戻るとヒューズがとんでいて、シャワーが使えない。ヤムナおばさんは隣のアパートの友達の家に行って、そこのシャワーを使わせてくれるよう頼んでくれた。

もう1人の日本人と一緒にそこに行くと、5歳くらいになるかわいい女の子がいた。シャワーを浴びるのを待っている間、彼女と一緒に遊んだ。お母さんは仕事に出かけていて、お父さんが子守りをしている。どうやら役割分担がなぜか逆転しているようだ。帰りに女の子から、大事にしているクマさんのぬいぐるみをプレゼントされた。えっ、こんな大切なものをもらってもいいの？　と一瞬ためらったが、お父さんがぜひもらってくれと言うので、ありがたく受け取った。シャワーを使わせてもらって、ぬいぐるみまでもらうとは、ヤムナおばさんのおかげで幸せなひとときが過ごせた。

次の日の早朝、僕ともう一人の日本人は、セルビア・モンテネグロのベオグラードに向かうため、バスターミナルへ急いだ。

▼2004年8月7日　ベオグラード（セルビア・モンテネグロ）

バスはサラエボをほぼ予定どおり朝の8時に出発して、順調に目的地であるベオグラードへと向かった。4時間くらいして川が見えてきた。橋の横にイミグレーションがあった。

昔はどこでも好きに移動できたのに、今では国が分裂してパスポートを見せないといけない面倒が増えたと、あるマケドニア人は語った。バスは何事もなく、午後4時にベオグラードの中心地に到着した。

さっそく、連れの日本人のM君と鉄道駅内で両替して、安ホテルを探した。彼の持っていた『地球の歩き方』に、駅の近くに「アストリア」というホテルがあったのでそこに向かった。しかし、旧共産圏の駅前にはこのような名前のホテルが多いのはなぜだろう？ともかく、部屋を見せてもらって、まぁまぁだったのでチェックインした。ちょっとディスカウントしてもらい、朝食をつけてもらった。外国を旅する時、交渉して安くしてもらえると節約にもなり、旅の楽しさが倍増する。

少しホテルで休憩して外に出かけた。あまり人が多くなかったが、そんなに物騒なところでもなかった。この辺はサラエボよりも戦火の跡があまり残っていない。ちょっと歩くと新市街に出て、そこには大勢の人が歩いていた。さっそく目についた路上アイスクリームパーラーでアイスクリームコーンを注文した。男2人がペロペロアイスクリームを舐めながら町を闊歩するのは、さすが外国の街でしかできない。

M君は日本で一流の電気会社に勤めるエンジニアで、10日ほどの休暇を利用して、旧ユーゴを旅しているという。だから、ほとんど駆け足状態で旅をしていて、ここベオグラー

ベオグラードの市街

のどかなドナウ川

ドも1泊だけですぐにルーマニアに抜ける予定だ。私はベオグラードの町が気に入ったので、もう一泊しようと決めた。ここには巨大なドナウ川が町のはずれに曲線を描いて流れていて、非常に平和な感じがする。本当にここで戦争が起きたのかと疑ってしまうほどのどかだ。

かと思いきや駅の反対側に向かって歩くと、このような悲惨な建物が依然修復されないまま放置されているのは昔のことを忘れないようにするためであろうか。

今まで抱いていたベオグラードの町のイメージと、現実のベオグラードの町とは少々ギャップがあったが、本当にここに来てよかったと思う。旧ユーゴについては戦争があった時くらいしか、ほとんど注意を払わなかったが、実際、ここに来てその町並みや生活して

町のど真ん中に放置されている爆撃にあった建物

いる人の姿を見ると、人間とはすばやく新しい生活に慣れることができるのだなと感じた。

ここからルーマニアに向かおうと思って、駅で切符を買おうとしたら、意外と高い値段を言ってきた。「どうして距離が短いのに、こんなに高いの?」と聞いたら、ルーマニアとはあまり国交がないようなことを言われた。それじゃあ、マケドニアのスコピエまでの運賃はどうだと尋ねた。元同じ国だったので、やはり、こちらのほうはずいぶんと安かった。ふむ、ミュンヘンからドゥバイに向けて出発する飛行機にはなんとか間に合いそうだと思い、さらに南下していく逆方向だったが、運賃の安さから決めてしまった。これが一人旅の醍醐味だ。適当に日程や進路をその日の気分で変えられるのがなんとも言えない。

▼2004年8月9日　オフリド（マケドニア）

ベオグラードから乗った夜行列車のコンパートメントには、なんと私一人しかいない。切符をチェックしに来た車掌さんも、物珍しげに私を見た。異国からの観光客はマケドニアにはあまり行かないのだろう。夜11時20分に出た列車は予定どおり、朝9時半にマケドニアの首都、スコピエに着いた。

駅から少し歩いたところに銀行があったので、そこで両替をして、そのままバスターミナルに向かった。時間がないので、今日中にスコピエを去って、世界遺産に登録されているオフリドに行くつもりだった。バスターミナルではしつこくコンパクトラジオを売りにくる兄ちゃんがいたが、あまりにしつこいので、ちょっと前に買ったチョコレートをあげたらもう来なくなった。

バスターミナルで、バス待ちをしている日本人の学生らしき男がいた。声をかけたが、彼もオフリドに向かうらしい。私は大型バスではなくシェアタクシーで行こうと思ったが、なかなか出発しそうもないので学生君と同じバスで行くことにした。

オフリドには3時間弱で到着。そこに民宿の客引きがわんさかとやって来た。私はいろいろと条件を聞いて、一番よさそうなのに決めたが、学生君はほかのところに行くと言って、別々のところに泊まることになったが、しばらくして、「一人でワンルームを使うと高くなるから、一緒に行ってもいいですか?」と聞いてきた。

彼はあまり旅慣れていないようで、最初は民宿に泊まるのでさえ大丈夫かと聞いてきた。でも、部屋を見て外の庭を見たら、かなり感激したようで、「来てよかったです」と話した。宿のおばあちゃんからウェルカムティーをいただいて、しばらくテラスでお話し。なかなかいい雰囲気で、僕も来てよかったと感激する。

ちょっと経ってから、ふたりで湖畔を散歩しにいくが、途中で雨が降り始める。学生君は腹が減ったらしく、コンビニでサンドイッチを買って、湖畔のベンチで食べ始めた。

夜になると、我がゲストハウスにマケドニア人の女学生2人が廊下でおめかしをしていた。かなりセクシーな服を着て、どれが一番似合うか鏡で見ていたようだ。「今晩どこかでパーティがあるの?」と私は尋ねた。2人は姉妹で、スコピエからバカンスに来ているとのこと。

「妹はデートだけれど、私はディスコに行くわ」と、セクシーな服を着たほうが答えた。部屋の中を見ると、ベッドの上が派手な服で散らかっている。

　オフリド湖はヨーロッパで一番深い湖らしく、町中にはものすごい数の教会がある。今まで回った旧ユーゴの中でも一番ゆったりとできる町で、3日間の滞在を楽しんだ。特に、これといったアトラクションはなかったけれど、オフリド湖がもたらす癒し的な環境にのんびりできた。

マケドニアの名所聖ヨハネ・カネヨ教会

ブルガリア

▼2004年8月12日　ベリコタルノボ（ブルガリア）

ベオグラードから夜行列車で11時間かけて、ブルガリアのソフィアに到着。しばらく、駅をうろうろして、ベリコタルノボに行く列車があったから、それに飛び乗る。途中、ローカル色の強い列車に一度乗り換える。しばらくすると山間に入っていき、お昼の1時頃にベリコタルノボに到着。

5年ぶりに来るこのベリコ

町の中にある今にもつぶれそうなショップ

タルノボの町は、私のお気に入りの町である。「歴史は繰り返す」というが、なんと、ここでも歴史は繰り返された。5年前、私が到着した列車の前に現われたヴィクターが、今日も出現した。ちょっと老けたが、それでも彼は昔のままである。「おれを憶えているか?」と私は彼を見かけた瞬間、口走った。「おー、憶えているとも」とヴィクターは答えた。「宿はいるかい?」。

初めて訪れたときヴィクターは、老婦人のアパートへ連れていってくれた。それからちょくちょく私のところに来て、今日はどこそこに案内してあげようと誘ってきた。しかし、親切心の背後にはもちろん、チップをちゃんと要求してくるちゃっかりとした計算もある。私はチップをやる代わりに彼をレストランに誘って、ピザやビールをおごってあげた。彼の子供っぽいところがなかなか憎めない。

あれ、駅の反対方向に向かっている。おかしいなと思っていると、そこに彼の車が止めてあった。「親父からもらったんだ」5年前はバスだったのに、今回は車でお出迎えしてくれるとは気分がいい。

ベリコタルノボの町を突っきって、町のはずれにあるツァルヴェッツ要塞近くの宿を紹介してくれた。大きなベッドがあり、バルコニーから曲線を描いたヤントラ川が見える。なかなか素敵な宿だ。すぐにここに泊まることに決めた。お金を出せば夕食が食べられるというので頼むことにした。

今回もツァルヴェッツ要塞に登ることにした。頂上には不気味な教会がある。でも、そのあたりからの眺めはなかなかの絶景だ。前回、ベリコタルノボには3泊し、見るべきものはほとんど見てしまったので、ツァルヴェッツでゆっくり過ごして宿に戻ってきた。そして夕食の時間がきた。通常、宿で出される食事は期待が持てる。でも、残念ながら、出てきた夕食は粗末なものでちょっとがっかり。まだ、お腹が空いていたので、町のファーストフード店に出かけることにした。

そこにはイギリス人の旅行者がいて、彼と話をしながらブルガリアのシシケバブにぱくついた。彼の話によると、今晩ツァルヴェッツ要塞でライトショーがあるらしいとのこと。ふん、ふん、そうなのと私は聞き流していた。彼にマケドニアの話をしたら、ぜひ行ってみたいと感想を漏らした。1人旅はこのように出会いから行き先が決まるから面白い。

宿に戻ると、突然、おばさんが「ライトショーよ、ライトショー！」と私に叫んできた。「もう少し先に見晴らしのいい場所があるから、そこに急いでいきなさい」と私をせかした。

おー、あのイギリス人が言っていたライトショーかと私は思い出して、急ぎ足で向かった。ツァルヴェッツ要塞が見渡せる場所に辿り着くと、すでにライトショーは始まっていた。それは15分くらい続いて、思いがけないイベントに私はラッキーと運命に感謝した。

宿のメシが粗末でなければ、ライトショーを見られなかったはずだ。しばし素敵なショーに感動しながら、宿に戻った。そして大きなベッドに横になってぐっすりと眠った。

しかし、次の朝起きたら、体のいたるところにできものができている。これはいったい、なんだ？　ダニかシラミに食われたのか？　ヴィクターに急いで連絡して、病院に連れていってくれるように頼んだ。

最初に行った病院は、書類に必要事項を書き込んで待っていたが、かなり時間がかかりそうだった。ルーマニアの国境に向かう列車は、あと30分くらいで出発する。ヴィクターはさらに次の病院に案内してくれた。

しかし、次の病院でも同じような情況だった。ヴィクターは機転を利かして、廊下を歩いている医者を捕まえて、私のできものの痕を即座に見せた。医者は別に拒否しないで、簡単に見てくれた。「食べ物が原因かもしれないね。薬の名前を書くから、それを買って飲みなさい」と別に診察代も要求せずに診てくれた。さっそく、薬を病院の薬局で購入して駅に急いだ。列車はまだ到着していない。あと数分で到着する。「すまなかったな」とヴィクターは私に謝って、今回の病院まわりや駅への送迎にチップを要求しなかった。

彼のあたたかい親切心を大事に受け取って、ルーマニアへと向かった。やっぱりいい奴だな～、ヴィクターは。

▼2004年8月13日　ルセ（ブルガリア）

ルーマニアとの国境にあるブルガリアの町、ルセには時間どおりに着いた。しかし、ここからブカレストに向かう列車がなんと100分遅れだと言われた。次の窓口で切符を買いなさいと言われて行ってみると、なんとこんな駅員さんが窓口にいた（次ページ写真）！

一瞬、目を疑った。ユニフォームを着ていない駅員さんも珍しいが、こんなセクシードレスを着て切符を売っているとは、さすがブルガリア！　これでは余計な話をする人が出てきてしまい、列の待ち時間が長くなる。実際に私がその一人であったが、運よくほかにお客さんが並んでいなかったので、ちょっとの間、会話に夢中になってしまった。

でも、さっきからタクシーの運転手が、おせっかいにも国境まで乗せていってやるから、俺と一緒に来いとしつこく誘ってくる。

「いくらだ？」と聞いても、気持ち程度で構わないと言うが、実際、どこの国のタクシーの運転手も気持ち程度で満足してくれるわけがない。

「ノー、サンキュー」と丁寧に断って、また駅員さんと話を続けた。見かねた運転手は「気をつけろ。彼女は俺の女房だ」と冗談を言って、去っていった。

まだ遅れてくる列車に時間があるので、駅員さんに町を案内してもらおうかと思ったが、当分、職場を離れられないようだ。

しかたなく、駅前にあるレストランに入って、バーガーと飲み物を注文した。ここの店員さんもキュートで、フレンドリーな人で、「これから町に行きたいのだけれど、ここで荷物を預かってくれない？」と尋ねたら、笑顔で「オーケー」と答えてくれた。「1時間くらいで戻ってくるからよろしくね」と言って店を出て、町の中心に向かった。

町の中心には、ヨーロッパのどの国に行っても教会がちゃんとあるように、そこにもあった。大きな公園が町の中心にあり、そこのベンチに腰かけた。なかなか中世の建物が多い。

ベリコタルノボからルセを経て、ルーマニアに出る手段はガイドブックに載っていないが、私は地図を見て、長年のパッカー経験から絶対に行けると判断した。それが一番効率的なルーマニアの渡り方である。

町の中心からさらにドナウ川に向かって歩き続けた。そこには日光浴をするおばさんやチェスをするおじさんたちがいた。川を隔てた反対側はルーマニアである。

あっという間に時間が過ぎて、駅に戻らな

えっ？　こんな駅員さんが

ければいけない時間になった。途中でフルーツをいくつか買って、荷物を預けたレストランに再び寄って、サンドイッチをテイクアウトして、駅に戻った。すると、なんと列車はとっくに出てしまったと言われた。

そんなバカな？　１００分後と言われたのに、早めに到着してしまったのか？

訳がわからないまま唖然としていると、「もうちょっと経ったら、また次の列車が来ますよ」と言われて、ひと安心。でも、この切符は座席指定だから、変更料がかかるかもしれないと言われたが、とにかくその列車に乗った。

ブカレストに着いたのは夜の9時過ぎだった。

ドナウ川。対岸はルーマニア

ルーマニア

▼2004年8月13日　ブカレスト（ルーマニア）

夜の9時15分にブカレストに着いた。たしか、5年前とそれ以前にも来たことがある。これで3回目になる。駅前の光景はほとんど変わっていない。前回泊まった覚えがある駅前のホテルに向かった。料金を尋ねると、倍近くに跳ね上がっていた。

これもルーマニアがEUに参加することが決まったのでその前触れだと思うが、それでもヨーロッパ全土の物価がどこも急上昇してしまった。貧乏旅行者にとっては痛い話である。

もっと安いホテルはないかと駅前をうろうろしていると、どこからともなく、変な奴が「チェンジマネー?」と紙幣をばらばらさせてきた。そしてしばらく経つと、これまたどこからともなく、「ポリスだ。パスポートを見せろ」とやって来た。「闇両替は違法だぞ」と脅してきた。

このような手口は、ガイドブックに書いてあるとおりのやり方でよくわかっていたから、別に慌てもせずに、旅行者から金を騙し取るならず者に頭にきて、ドスを効かせてにらみ返すと、「今度から気をつけろ」と言って、素早く去っていった。

まあ、これも旅の一部だからしょうがないと受け入れて、駅のほうに向かうと、ちょっと汚い格好をした親父が「ルーム？」と寄ってきた。5年前に来た時も部屋があると誘われて、近くの家に泊まったことがある。ほかに誘ってくる人もいないし、また変な奴に絡まれるのも嫌だったから、この親父のところに行くことにした。

夜遅くて両替をしていなかったので、親父にバス代を払ってもらい彼のアパートに向かった。そんなに遠くないと言われたが、バスに乗り中心街を通り過ぎて30分ほど行った住宅街で我々は降りた。

ブカレストの町並み

あまりきれいとは言えないアパートだったが、それでもエレベーターは動いた。11階で降りて部屋に入ると、彼の女房が子どもと一緒にリビングでテレビを見ていた。そして案内された部屋はまあまあだったから、1泊10ドルで泊まることにした。

これからご飯を食べに行こうと思っても両替していない。どうしようかと思っていると、親父がスープを温めてくれて、チーズとパンを切ってくれた。外見とは違って、心はやさしい人だなと感じた。

ルーマニアの経済は不況で、彼も仕事がリストラされて、なんとか生活をしていくために民宿を経営しているらしい。なんと言っても、奥さんと子どもを養っていかないといけないから大変だ。

朝起きてキッチンに行ってみると、奥さんがむっとした表情で立っていた。この奥さんは親父と比べて非常に気難しそうな人だ。「あんたが昨日、パンを食べたから買ってきて」と言われた。

これでは昨日の親父の親切心が水の泡だ。しかし、まあそれは事実だから、パンを親父と一緒に買いに行くことにした。だいたい奥さんのほうが優しい家庭が多いのだが、ここではそれが逆になっている。

さて、これで私も朝食を堂々といただくことにして、それから町に出た。今日、ひょっとしたら夜行で出るかもしれないので、荷物を預かってくれないかと尋ねたら、親父は「ノープロブレム」だと言った。

私はここでもあまり観光はせずに、地下鉄を使って移動して、とりあえず駅に向かって、ハンガリーとの国境近くにある町、アラド行きの夜行列車の切符を買った。夜9時半出発だから、まだ出発までかなり時間がある。

街中でジョニー・デップ主演の映画をやっていたので、それを観て時間をつぶした。出発時間の2時間前にアパートに戻って荷物を受け取ると、また奥さんが出てきてもう一泊分払いなさいと言ってきた。部屋を見ると、たしかリビングに置いた荷物が私の泊まった部屋に移されている。

部屋が占領されているからもう一泊分払えということだった。これにはさすがにカチーンときた。しかし、それと同時に親父がかわいそうに思えた。いい親父なのに、大変な女房をもらったな。

親父は別にそれに対して何も言わなかったので、私は奥さんを無視して勝手に荷物を取って部屋を出た。

まあ、これも旅の一部だからね。全てが自分の思いどおりにならなかったり、親切な人ばかりじゃないのも、世の中を生きていくうえでの学びと受け入れてブカレストをあとにした。

▼2004年8月15日　アラド、ティミショアラ（ルーマニア）

アラドに着いたのは朝の7時半だった。ここからハンガリー行きのバスか列車が出ているはずだと思ってバス乗り場を探したが、見つからない。聞いたらバスはもうすでに出たとのこと。とりあえず、近くにあるレストランに入ってお茶を飲んだ。

ブダペスト行きの国際列車は夕方の時間だった。これからいったい、どうしようかと考えた。駅の近くからドイツ行きのバスが出ていることがわかった。バス会社まで歩いていって、バスの時刻を聞いたら、明日の午前中に出発するという。

ここに来る途中、列車の中で会った親子から、ここアラドには見所が何もないが、その手前にあるティミショアラは非常に素敵な町だと聞いていたので、ティミショアラからはないのかと尋ねてみると、バスはそこも通るとのことだった。駅に戻り、ティミショアラ行きの列車があと1時間くらいで出発することがわかったので、向かう先とは少し逆方向になるが行ってみることにした。

ガイドブックにはティミショアラの町が載っていなかったので、とにかくそこに行って、インフォメーションで聞いてみることにした。

駅前から出ている路面電車に乗って街中に向かうと、途中でインフォメーションの看板が出ていた。そこで降りたが、今日はあいにくの日曜日でインフォメーションは閉まっていた。

これも旅の一部なのだからしょうがないなあと思っていると、その前にホテルがあった。そこに入って値段を聞いてみると、かなり高かった。もっと安いホテルはないのかと、日本では聞けないようなことを聞いてみると、近くに安ホテルがあると言われた。

迷いながらそこに辿り着くと、一泊20ドルだと言われた。これでも貧乏旅行者には痛い出費だったが、部屋を見せてもらうと、なかなか広いバルコニーもあって20ドルの価値はあると判断し、喜んで泊まることにした。

ティミショアラの町はなかなか優雅な町で、ゆったりとした遊歩道や古風な建物が旅行者の心を和ませてくれた。中でもおとぎ話に出てきそうな教会が目をひいた。

夕陽に照らされた教会の塔のまわりを鳥の大群が舞っていた

教会の内部に入ってみると、可愛らしい小物が売られていた

教会から町の繁華街に向かって行くと公園があり、そこのベンチには親子連れ
などがのんびりくつろいでいた

さらに、教会の裏側の川沿いには公園があった

町の中心部。ティミショアラの町は散策するほどに新たな発見があるところだ

町の中心から駅に向かって歩いているときに目についた建物

そういえば、ティミショアラの町は、5年前、ブカレストに行ったとき、列車の乗り換えをするために降りたことを思い出した。その時、駅構内のレストランに入って何を食べようかと見回していたら、そこのご主人が「これはうまいから食べてみな」と、サンドイッチのようなものを差し出してくれた。

お金を払おうとすると、お金はいいと言って受け取らなかった。長年、私は旅を続けているが、世界のどこに行ってもお金はいらないという店はなかった。

悪いから、じゃあ飲み物を買おうとしたが、それもお金を受け取らなかった。いきなり、店の中に入ってきた得体の知れない者に対して、お金を取らない商売人はめったにいない。

列車に乗るまで時間があったから、そこにしばらく座ってご主人と店を手伝っている奥さんと話し込んだ。

ルーマニアの経済は良くない。ここで稼いだお金の大半を税金として納めないといけないらしい。そのような話を聞くと、余計にお金を払わないといけないような気分になったが、ここはありがたく親切な心を受け取った。

彼の趣味は釣りで、休みの時はキャンパーで釣りに出かけるという。家に子どもがいるが、誰かほかの人が面倒を見ているらしい。もうちょっと時間があったら、うちに泊まってゆっくりしていけばいいのにと言われた。そして一緒に釣りに行こうと誘われた。それが本心かどうかよくわからなかったが、列車に乗る時にわざわざ駅まで見送りに来てくれて「俺たちはあまりお互いに言葉を理解できないかもしれないけれど、万国共通して理解し合えるものがある」と彼は言って、自分のハートを手で押さえた。そしてハグをして別れを惜しんだ。

旅先のほんのひとときの出会いだったが、店で金はいらないと言われただけでなく、ほかに何か大切なものまで受け取ったことに私は言葉を失った。

その懐かしく、温かかった思い出が、再び私をティミショアラの町に来させたのかもしれない。あるいは、列車の中で出会った親子からの勧めがなければ、この町を見過ごしていたのかもしれないが、ともかく、私は通り過ぎるかもしれなかった素敵な町を訪れることができたことに感謝した。

イエメン　Part1　オマーンからイエメン「陸路で国境越え」

▼2004年8月21日　サラーラ（オマーン）

オマーンのマスカットから夜行バスが出たのは、前日の午後6時だった。1000キロほどの距離を12時間かけて、砂漠の中を突っ走った。朝6時頃にオマーンの西の果てのサラーラに到着した。バスの旅はなかなか快適で、12時間という時間を感じさせなかった。

サラーラの町は霧に覆われていて、ほぼこの時期になるとこんな感じだという。これではあまり観光気分になれない。着いてすぐにイエメン行きのバスを探した。

旅行人の掲示板にガルフトランスポートというバス会社がイエメン行きのバスを出しているとあったので、早速そこに向かってみたが、次のイエメン行きのバスは2日後に出るという。比較的物価の高いオマーンにあと2日も滞在するのはちょっと厳しい。しかも、ほぼ一日中霧が覆っているし、サラーラ自体たいした見所もないので、ほかに方法がないかと思案した。

そんな中、外で待っていたタクシーの運転手が、イエメン国境まで20ドルだと言ってき

オマーンの首都、マスカット市内のオールドマスカット。背後にそびえ立つのはミラニフォート

た。ちょっとぼったくっている感じがある。だいたい、外国のタクシー運転手は信用できない。そういえば、オマーンシネマからバスが出ているという情報を思い出した。でも、果たして出ているかどうか、今日あるかどうかわからなかったが、とにかくタクシーの運転手にそこまで乗せて行ってくれるよう頼んだ。

いちかばちか行ってみたら、運よくバスが止まっていた。国境方面に行くらしい。あと30分くらいで出発なので、近くの食堂に入って朝食を食べた。出発5分前、バスの中で座っていると、出稼ぎらしいインド人が数名乗ってきた。インド人はまず英語ができるので、その中の一人に「このバスは国境に行くのか？」と尋ねてみた。でも、どうやらこのバスは国境近くには行くが、

ミラニフォート1

ミラニフォート2

そのためには途中で乗り換えをしないといけないらしい。

まあ、とりあえず行けばなんとかなるという安易な気持ちでバスで向かった。

2時間くらいして、インド人から「ここだ」と言われて降りてみると、何もないT字路のようなところだった。こんなところにバスが来るのかと心配になったが、とにかく車が来たらヒッチしろということだった。もう一人、オマーン人が降りてきて、彼になんとかしてもらえと言われたが、彼は降りるなりここだと指差して、てくてく歩いていってしまった。

霧雨が降る中、雨宿りする場所もなく、どないしようと思っていたら、車の音が彼方から聞こえてきた。数分たって、トラックがこっちのほうに向かってきた。一人の若い男がトラックを運転していて、果たして止まってくれるかなと心配したが、いとも簡単に止まって乗せてくれた。ラッキー！

愛想がよさそうな好青年で、ひとまず安心。国境に行きたいと行ったら、オーケーと返事をしてくれた。

このトラックは何かを配達しているようだ。途中で陸軍の基地のようなところに止まって、ほかのトラックに荷物を移していた。子どもたちが3、4人出てきて手伝った。その後、見事に国境で降ろしてくれた。どうやら、こちらの方に来る予定ではなかったが、わざわざ国境まで行ってくれたようだ。本当にやさしいお兄さん。もの静かでしかもハンサムだ。

ここまではまったく問題なく来られたが、ある情報筋によると、陸路でのイエメン入国は許可されないと書かれてあって、オマーンのイミグレで追い返されるかもしれないという噂があった。もしそうなったら大変だ。ここにはまったく交通手段がなく、あとにも先にも行けない僻地に来てしまった。

私の旅はいつもこのような危険が潜んでいる。さほど気にしないで、楽観主義的無謀的旅行もいろいろなハプニングが起こる。ある意味スリルを味わえる。でも、くれぐれも自己責任を忘れずに、危険なところに行くのは避けないといけない。

トラックから他のトラックに荷物を移す子ども

オマーンのイミグレは非常に親切で、何の問題もなく出国できた。

しかし、このあとに意外な展開が……。

イエメン　Part2　イエメン入国

▼2004年8月21日　ハウフ（イエメン）

オマーンの出国手続きを済ませて、イエメンへの入国手続きを取るためにイミグレを探していたが、どこにもそれらしきものがない。どこだろうとうろうろしていると、黒装束のアフリカ系の女性があそこだと指差した。顔を出している女性は珍しい。それに加えて、外国人男性に女性が対応するのはご法度のはずだと思った。多分、アフリカ移民は厳しい掟にあまり従っていないのだろう。

廃墟らしき建物がイミグレだったが、その中に入るとちゃんとイエメン人が仕事をして

イエメンの最初の町のハウフの道路で

いた。いったん中に通されて手続きを開始したが、荷物を見たいとか、なんのために来たのかと尋ねられた。やはり、どうもここからの入国は外国人にはできないようだった。「ちょっと待って」と言われて、しばらく部屋で待たされた。しかし、そんなに緊迫した雰囲気ではなかった。外国人がここから入国することはないらしく、どうも手続きに戸惑っているらしい。1時間くらいしてパスポートを渡され、「行くぞ」と言われた。

外に出ると先ほどの黒人女性のほかに数名の地元民が、トラックの荷台に乗っていた。町までの交通手段がないので、イミグレのトラックで送り迎えをしているらしい。10分くらいでハウフという漁村に到着した。ホテルも何もなさそうな村である。村長さんのような、気風のよさそうなおじさんが出迎えてくれた。そして、村に唯一あるお世辞にも綺麗とは言えないような食堂に連れていってくれた。そこで網で焼いたどでかいチキンと炊き込みご飯が出された。

モスレムの習慣として、村の訪問者はとにかく歓待されることになっている。村長さんらしき人は、食べないでただ座っている。チキンはおいしかったが、待たせるのも悪いからなるべく急いで食べた。

そして車に乗ってあちこち連れていかれて、道を行ったり来たりした。村長さんらしき人はほとんど英語ができないので、とにかく愛想を振りまいていた。しばらくして、村の真ん中にある集会場のようなところ、といってもただゴザが敷いてあるだけだが、そこに

ハウフのビーチにいたラクダ。ビーチのラクダなんて、ちょっとおかしいね

フレンチフライを売る屋台らしきお店

我々も腰をおろした。その隣にフレンチフライを売っている屋台がある。

村長さんらしき人は、ソフトドリンクを買ってきてくれた。モンキーバナナも食べろといって差し出してくれた。銀行がないので現地の通貨に替えられなかったが、心配ご無用である。ゴザの上で休憩していると、村人たちが集まってきた。そして5分としないうちに現地のカードゲームが始まった。これがこの村の娯楽である。酒も飲めない、女も崇めないモスレムの男たちが楽しめるのはカードゲームだった。

しかし、2時間くらいたっても、なかなかこのお付き合いから解放されない。もういい加減一人になってホテルのある町に行こうと思っていたが、どうしたものだろう。なにせ英語が通じないから何もわからない。しばらくして、英語を少し話せる若者が来た。

彼によると、次の町に向かう交通手段は今日はないので、この村に泊まらないといけないと言う。それもなんと、警察署に泊まりなさいと言われた。どうやら、この村にはホテルがないようだ。そして連れていかれたのが、寄宿舎のような警察署であった。

四方が塀で囲まれた敷地内に、コの字型になった建物があった。入って右側にあるのが寄宿舎。前方にあるのが娯楽室。左手にはキッチン。敷地内には私服姿の警察官らしき人物が10数名いた。みんな暇そうにしている。しばらくして、警察署員の部屋に案内されたが、あとからここの警察署長の特別室（といってもベッドがほかの部屋だと4つあるのが、ここでは2つあるだけの違い）に泊まるように言われた。まあ、これはＶＩＰ扱いと受け取った。

しかし、ベッドは小さく、どうもこれはシラミやダニがいそうな、非常に汚いものであった。これは覚悟をせんとあかんなと決意した。まあ、選択の余地はないと、潔くここに泊まらせてもらうことにした。トイレはどこにあるのと聞いたら、2階にあると言う。普通は1階なのになぜだろうと思いながら、これも覚悟を決めてトイレに入ったが、極めて清潔であった。

シャワーはと聞くと指を指して、向こうにある水貯めのところだと言う。その背後にバケツがあって、それで水を汲んで洗うのだった。まあ、これもタイの島でやってきたことだから、気にせずにとにかく体を洗った。すっきりして部屋で休んでいると、夕飯はどうすると聞かれた。外で食べるのであればドルで払えばいいが、ここで食べればタダだと言われた。

じゃあ、ここで食べますと答えた。そしてキッチンに案内されて中を覗くと、食事係のような人が、チャパティのようなものを焼いてくれた。ほかにダルとライス。なぜか庶民的なインド料理だった。みんな土間に座って食べている。スプーンがないので手で食べることに。インドでさえ手で食べたことがなかったが、慣れさえすれば、全て大丈夫。最後に紅茶。これを空き缶で飲む。ちょっと切り口を気にしながら、熱いのをゴクゴク。かなりの量の砂糖が入っている。

食事が終わると、英語を話せる若者がこっちにおいでと誘ってきた。大広間みたいなところが娯楽室で、みんなそこでテレビを見ていた。ちょうどアテネオリンピックをやっていたので私もそれに見入った。ほかの人たちの何人かはカードゲームを始めた。入れと言われたが、ルールがわからないのでテレビを見続けた。

そこに署長さんが現われて、ソフトドリンクをご馳走してくれた。非常に愛想のいい人だ。この人だったら同じ部屋でもかまわないか。そろそろ寝ますと言って部屋に戻った。

いよいよ運命の時がきた。汚いマットレスの上に持参したシーツをかぶせた。こんなこともあるかと思って、用意してきたものが役立った。それと、使い古されてきた毛布は、これも持参したビーチタオルの上にかけて、これで睡眠準備完了。蚊も気になったが、とにかく寝ることに。

奇跡的にダニやシラミはいなかった。ホッとひと息。署長さんはまだ寝ていたが、散歩に行くことにした。

警察署から外に出ると、新車のようなジープがやって来た。警察署のパトロールカーだ。乗りなと言ってきたので、一緒にパトロールをすることに。でも、どうやらパトロールと言うよりも、村民の荷物を家に届けているような感じだった。ちょっと降りると言って一人でビーチのほうに歩きだした。そうしてしばらくすると、警察官の一人があとをついてきた。なんだか、見張られているような感じがしてきた。そうか、やっぱり俺はあまり歓迎されない異国人だったのかも。警察署に泊まらされたのも、これは半分軟禁されていたのかもと、VIP気分から囚人ムードに落ちてきた。

散歩から帰ってくると、英語のできる若者が朝食だと言って、キッチンに連れていってくれた。朝食のメニューも夕食とまったく同じダルとライスとチャパティだった。この人たちは、三食いつもダルとライスとチャパティを食べているのかと思うとぞっとした。他人事ながら、栄養のバランスなど大丈夫かと心配になった。

食べ終わると、英語のできる若者に何時に隣町行きのバスは出るのかと尋ねた。しかし、彼の答えは曖昧だった。10時くらいになったので、こんな何もない町に監禁されたくない。それだったらおいらは道でヒッチハイクをすると、強気な態度に出た。そうしたら向こうもびびったのか、あと1時間で村人が隣町に行くから乗せていってもらえと言われた。本当かと思ったが、まあ、とりあえず待つことにした。

その間、裏山に登って村の景色を眺めた。その後、署長さんが建物の屋上に上がれと言ってきて、おいらと英語のできる若者、署長さんの3人で屋上からの景色を楽しんだ。警察署の写真は撮るなと言われたが、最後にお世話になった署長さんと一緒に写真を撮りたいと言ったら、まあいいだろうと撮ってもらった。

そしていよいよ出発の時間が来た。言葉はわからなかったが、気持ちは通じた私服姿の警察官たちと最後の別れを惜しんで、隣町へ行くジープに乗り込んだ。

裏山から海を眺める

署長さんと英語のできる若者と一緒に記念スナップ

予想もしなかったイエメンの旅の始まりだった。しかし、村長さんや署長さん、ほかにたくさんの警察官の人たちの親切なおもてなしで、私の心は温まった。イエメンに無事入国できて、ほかの旅行者ができないような体験もして、この旅行記に書けることになったのも、この人たちのおかげだ。あらためて、海の向こうから感謝の意を捧げる。

イエメン　Part3　イエメン入国後

▼2004年8月22日　アルガイダ（イエメン）

朝、やっとのことで村人のジープに乗り込んだ。後ろには母子と他に男が一人いた。ジープは海岸線沿いに西に向かっている。車の行き来はほとんど見られない。2時間くらいでアルガイダ（アルカイダではないですぞ）に到着。しかし、ジープは母と子を病院に降ろすと、そのまま町の頂のほうへと向かった。そこには警察署があった。んー？　なんか嫌な雰囲気。イエメン中の警察署をたらい回しにさせられて、これでは囚人のイエメン旅行記を書かないといけないのだろうかと思い始めた。

しかし、そこの警察官らしき人と運転手がひとこと言葉を交わすと、そのまま車は町のほうへ降りていった。そして着いたのが町一番のホテル。町全体を見渡せそうな、10階くらいはある建物だ。下は一応ショッピングセンターになっているが、店舗はあまりオープンしていない。

フロントで両替をして部屋を見せてもらって、眺めがよくエアコンではなくファンのついた安い部屋を選んだ。アルガイダは思ったほど暑くはなくて、オマーンのマスカットのように、一日中ガンガン冷房をつけていないと部屋がサウナ状態になってしまうような、恐ろしい暑さはなさそうだ。

部屋に入ってみたが、窓を開けると風通しがよく、これならファンでも超快適でひと安心。

さっそく町に出ることにした。なんとなくうきうき。先のハウフとは違いここでは誰の目を気にしなくてもすむから、自由気ままに町を歩いた。目にとまったのが魚のフライを揚げているレストラン。中はお客さんでいっぱい。でも、みんな男性。当たり前か。掟の厳しいアラビア半島では、女性が食べられるところはたいてい裏口のほうにあって、家族と一緒に食べるようになっている。

ドライブインにいたラクダ

揚げたての魚はおいしそうだ。ダルとライスとチャパティの2食生活をしてきた者にとって、この食事にはよだれが出る。

「おじさん、あのデカイ魚のフリャアだよ！」と指差して注文する。なんの魚かよくわからなかったが、うまければなんでもいい。大きな魚の切り身には骨がなく、ボリュームがある。それが2切れ炊き込み御飯の上にのって、ホカホカしている。こうなると、心もホカホカしてくる。

ひと口、うま！　二口、うまうま!!

旅の醍醐味は食事と宿の質で決まる。その2つがあれば、見所がなくてもノープロブレム！　このアルガイダには特にその名所らしき見どころがない。町には商店街がある。マーケットもある。両替商もある。おそらくオマーンから来る人たちの貿易の町なのだろう。でかいマンゴーが上から何本か吊るされているジュースバーに入ってみた。

羊の頭でなくてよかった。そこに入って、お兄ちゃんにマンゴージュースをくれと頼む。どでかいグラスに入ったマンゴージュースは、とてもよく冷えている。搾ったものを冷凍庫にでも入れていたのだろう。おいしい。暑いモスレムの国でのどを潤すには、マンゴージュースが一番。

私は酒飲みではないので、モスレムの国に何日いても平気。しかし、女性のお顔を崇められないのが非常に残念。黒装束で覆われた目は非常に美しい。これは想像力をかき立てられる。でも、出ている手に注意しないといけない。いかに目が綺麗であっても、手がしわくちゃな場合がある。

町をぶらぶら端から端まで、そして郊外にちょっと出て、砂漠らしき原っぱを闊歩する。でも、これといったところはなかったので宿に引き返すことにしたが、次の町に行くバスチケットを買わなくてはと切符売り場に。

バスは明日の朝、タリムという港町に向かうものが1本ある。そこで初めてガイドブックに出てくる町に行けるわけだ。

夜はちょっと気になったモロッコ風の座敷レストランに入って、網焼きチキンと炊き込み御飯を注文した。そして食後にチャイ。ウェイターはとても愛想がよく、これからのイエメンの旅も面白くなりそうな予感がした。

アルガイダからサユーンへの道。乾いた渓谷が続く

イエメン　Part4　サユーン、シバーム、ムッカラ、アデン

▼2004年8月23日　サユーン（イエメン）

朝6時にバス停に行って、6時半のサユーン行きのバスに乗るはずだったが、一向にバスは現われない。事務所の人に聞いたら、どうやらこの場所ではなさそうだ。事務所の人はタクシーをアレンジしてくれて、ほかの場所に行くように言った。そこには別の事務所があり、サユーンにはこちらのバスで行くようにと言われ、先ほどのバスをキャンセルしてお金は返してもらえた。

やっと無事にアルガイダから出発。サユーンに着いたのは夕方近かった。町の中心に王宮があり、その近くに安宿があるので、周りにいた人たちに道を尋ねて行ってみる。バッグをホテルに置いて、さっそく近くの王宮あたりをうろつく。一枚、デジカメで王宮の写真を撮ったら、おかしな白玉のようなものがいっぱい写っている。なんだこれはと、最初はフラッシュのせいかと思ったが、あとで熊本霊道街道の旅に出た時もこのような白玉軍団が写っていた。スピリチュアルフレンドにこれは不成仏霊だと言われた。別のスピリチ

ユアルフレンドは〝たまゆら〟と言って、別に悪い霊ではないと、違うことを言う。どちらが正しいのかわからないが、何かここで大きな戦いがあったのか、それとも、波動が高い場所なのか、いずれにせよ今まで自分が撮ったことのない写真であった。

▼2005年8月24日　シバーム（イエメン）

シバームは世界最古の摩天楼の町と呼ばれている。砂漠の続く中、このシバームの町並みが一か所に集まっていて、テーマパークのような雰囲気を醸し出している。

シバームの中心にある白塔

サユーンのマーケット

ここはシバームの反対側に見える町並み

こんな街並みが砂漠の中にあるなんて

この白塔からアザーンの大音響が早朝から鳴り出すのだろう

シバームの子どもたち

後ろの絵と一体になりそうな子どもたち

▼2004年8月24日　ムッカラ（イエメン）

ムッカラへ行こうとしたが、ここで初めてポリスパーミット（警察許可書）を要求される。昨日訪れた王宮の中になんと警察署があり、そこで暮らしているというポリスマンに頼んでパーミットを書いてもらった。

ムッカラの町は快適だ。窓を開けると熱風が入ってくる。しかし、カラッとしていて暑く感じない。ところどころに、少し前に降った雨でできた小川が、砂漠の中に流れている。

ドライブインで見かけた動くお店

途中でグランドキャニオンのような風景になってきた。イエメンという国は、砂漠あり、峡谷あり、山あり、森ありと変化に富んだ土地だ。

よくわからないところで乗合タクシーから降ろされて、ホテルはどこにあるのかと町の人に聞いても知らないようだ。『地球の歩き方』にもこのムッカラの町は載っていいなかったので、とにかく町を歩き回って、やっとこさ一軒のホテルを見つけた。愛想のよさそうなおやじが、いろいろと親切に情報を教えてくれる。

サユーンでエアコンなしの部屋に泊まって超暑い思いをしたので、ここではエアコン付きの部屋をお願いした。明日の朝、アデンに向かうため、とりあえずこのムッカラの町で一泊だ。

朝一番に、おやじに教えてもらったバス会社に行ってチケットを買おうとしたが、すでに満席だ。近くにあったほかのバス会社も訪ねてみたが、そこもどこもいっぱい。どうしよう。次の日のバスにするしかない。次の日のバスの切符を購入して、またホテルに戻る。

その後、港町を歩いてみる。ここは観光地で、外国人旅行者をちらほら見かける。走っ

ちょっと乾いたムッカラの街中

港町のムッカラ

街中で揚げ物を売る少年たち

ているワゴン車の多くは日本の中古車だ。どこかの会社で使われていたもののようでドアのところに、××建設とか○○旅館とかが書かれてあるのをそのまま乗合タクシーとして使っている。中にいるお客さんたちは、頭からすっぽり黒装束で身体を覆った女性客だ。××建設の車に乗った黒装束の女の人たちにこちらを見られると迫力があり、おおー！と一歩引いてしまう。

次の日に難なくバスは出発して、別にポリスパーミットも要らなかった。ある場所はポリスパーミットが必要で、ある場所はいらないとは非常にややこしい。

▼2004年8月26日　アデン（イエメン）

やっとこの町から『地球の歩き方』に情報が載っている。ここは、アラビア半島のほぼ南端に位置する。ある女性は顔を丸出しにして街中を歩いている。イエメンの国の中でも開放的なところがある。なんといっても港町で、アフリカからの玄関口でもあるのだ。

だいたい私は、ガイドブックに情報が載っていると、それに従って行動する癖がある。しかし、フランスの天才放浪詩人ランボーの家が載っていたがここは行かなかった。アデンで一番美しいといわれるビーチの、ゴールド・モアー・ベイもなんとなく行かなかった。だが、お色気たっぷりのベリーダンスはいかが！　ナシュワンとある。これはちょっと気になった。街中からちょっと外れたところにある。乗合タクシーを乗り継いでいかないと行けないようだ。開店は9時。ショーは10時とある。普段はまず見られない女性のビキニ姿に、観客は大コーフン。アラブ独特のステップを踏んでいるのも見ものとある。

イエメンでは、頭からつま先まで黒装束で覆われた女性しか拝めなかったので、ここぞとばかりに気合を入れて行くことにした。

開店まで時間があったので、『歩き方』に載っていた「チン・シン」というチャイニーズレストランで食事をすることにした。安くてうまいと評判の中華レストランとあったが、メニューを見ると全然安くない。騙された感じでがっかりだ。

イカフライとライスを頼んだ。ウェイターが「もやしもあるでよー」と名古屋弁じゃなかったが、すすめてくれたので「じゃあ、もやし炒めも」と追加。味はまあまあだったが、期待したほどではなかった。

どうもつまんないなと思いながら店を出て、「待て、そういえばさっき歩いていた時、なんか雰囲気のいいファーストフードの店があったな」と思い出した。その店に行って中を覗くと、女の子たちがおいしそうなチョコレートサンデーを食べている。「うん、これだ！」と私も注文。これがなんと安かった。女の子たちに混じって、チョコレートサンデーをほおばるのも、なかなか捨てたものじゃない。

ほんとにうまい。またまた幸せタイムがきた。

よし、これでハッピーになって、お色気たっぷりのベリーダンスを見に行ける。ところが場所がわからず、そこら辺にいた人たちに尋ねながら、ようやく目的地に。

まず、強そうなバウンサーの男たちから荷物チェックを受けて、カメラは預けなければならなかった。次に入場料が10ドル。えっ、10ドルなの？ おかしいな。『歩き方』にはＹＲ３９０（約３ドル）と書いてあったのに。ちょっと抗議すると、「おまえはボートから来たのか？」と尋ねられた。そうか、ここは港町だから、いろいろな国の人間が夜のお遊びに来るのだなと思った。「違うよ。私は日本から来た」「そうか。だったら、お金はオーケー」とノーチャージで入れてくれた。

テーブルに案内されて、レモンジュースを注文。まわりを見渡すと、アフリカ系のお姉さまたちがたむろしている。当然、黒装束ではなく、普通のウェスタンスタイルだ。ちょっと化粧が濃い。しばらくすると、その中の何人かが私のテーブルに座ってきた。そのうちの一人に話を聞くと、彼女はエチオピアから出稼ぎに来ているという。行ってみたい国のひとつだ。ほかの女の子たちは、今、内戦が起きているソマリアから来ている。出稼ぎらしい。

エチオピアから来た子は、なかなかかわいかった。それに愛嬌がある。テーブルに座って、なかなか離れようとしない。時間になってもベリーダンスのショーは始まらない。「ショーはどうなったの？」と彼女に聞くが、もうすぐ始まるとだけしか言わない。

テーブルについて2時間くらいたって、ようやくバンドが登場して、女の子の何人かが歌いだした。でも、ベリーダンスはやらない。

エチオピアの子は、2時間くらいずーっと私のそばにいた。このまま帰ってしまうのも悪いなと思いながら、なかなか席を立てない。ある時、ちょっと失礼と言って、席を離れていった。今がチャンスかなと思いながら、半分悪気も感じながら会計を頼んだ。

請求書を見ると、レモンジュースの代金しか書かれていない。ほっとして、ウェイターにお金を渡して店を出た。

イエメン　Part5　タイズ、イッブ、ジブラ

▼2004年8月27日　タイズ（イエメン）

アデンからバスに乗ると、そこには英語を話す先生が乗っていた。途中、昼食の休憩でストップしたレストランで、一緒のテーブルに座った。食事を取っていると、おじいさんが紙袋を左手に持って、その袋をパンパンと叩くと、中から子犬の泣き声がする。「キャアーン、キャアーーン」とおじいさんは情け容赦なくパンパンと叩く。

最初は何が起きているのかわからなかったが、どうも、動物虐待親父がレストランの周りをうろうろして、人に見せびらかしている。それをずっと続けてやめようとしない。

私はかなり腹が立ってきた。なんてことをするんだ。それになぜ周りの人たちは止めないのだ？　イエメンの国民は動物虐待の性癖があるのか？

もう一度やったら止めに入ろうかと思ったが、前に行ったレストランでは、ガンを構えた地元民が周りを警備していた。この辺はそれほど危なげではないが、何年か前にサナアで外国人が襲われたことがあったので、ここはしばし様子を見たほうがいいかもと思った。

しかし、どうやらこのおじいさんは叩いたあとで人に袋の中を見せているらしい。そしてそれを見た人はなにやらニンマリと笑っている。子犬が無残な姿になっているのを見て、どこがそんなに面白いのだ？　ますます嫌気がさしてきたが、どうも様子がおかしい。

あっと、その時に思った。なんだ、このおじいさんは腹話術を使っていたんだ。そして見事に一杯食わされた。これはやられた！　袋の中は空っぽで、上手に子犬の鳴き声を真似していた。だから、中を覗いた人たちはニンマリと笑っていたんだ。ドライブインのエンターテイナーにやられてしまった。

アデンからタイズへ向かうバスの中で出会った先生

タイズの町並み

タイズの町が一望できるサビル山

▼2004年8月28日　イッブ、ジブラ（イエメン）

次にイッブの町に向かう。だんだんサナアに向かって北上する。緑が多くなってきて、少し寒いくらいである。極暑のオマーンと比べたら、なんという違いだろう。アラビア半島は暑くて、砂漠だけの土地だと思っていたけれど、こんないい気候のところもあるのだと、改めて自分の無知を認識する。

イッブのどこか訳のわからないところで降ろされるが、地元の人に聞いてジブラ行きの乗合タクシー乗り場に何とかたどり着く。ちょっとぼったくってくるタクシー運転手の輩ではあったが、そこはこちらも長年の旅歴で交渉して、ローカルプライスで落ち着く。

ジブラの町はそんなに広くない。とりあえず宿を探すが、これぞという宿もなくほかと比べて高いので、これはイッブに戻って泊まったほうがいいと判断。

町のローカルレストランに入って、チキンビルヤニを頼む。イエメンはなぜかインディアンフードを出す店が多い。食べ終わって、店主にここで荷物をしばらく預かってくれないかと頼む。１時間半くらいかけて、ジブラの町を探索。

イッブの女の子。何も言わなくてもちゃんとポーズを決めてくれる

その後、どこから来たのか、たくさんの子どもたちで溢れてしまった。どこに行っても、子どもたちとはすぐに仲良くなれる。彼らの笑顔を見ていると嬉しくなってくる

石橋を渡って階段を登る。中世っぽい町並みだ。アルア女王のモスクを見学。あとは裏にある山道を散歩して子どもたちと雑談する。

その後レストランに戻って荷物を受け取り、再び乗合タクシーでイッブへ向かう。

アルア女王のモスクにいた老人たちと子ども

ジブラの石橋

ジブラの町並み

ジブラの子どもたち

ジブラのローカルな光景その１

ここはどこだったかなあ？

イッブに戻って正解だった。ここで、アメリカに滞在したことのあるご主人が経営するホテルに泊まった。バルコニー付きのなかなか豪華な部屋に、格安の値段で泊まる。眺めも良好。町に出てみたものの、このイッブはそれほど見所がない。しかし、マーケットがなかなか充実している。商店が続く坂道を登っていくと、旧市街に出る。面白い町並みだ。レストランも充実していて、おいしいチキンが食べられる。

イッブに泊まって、ジブラを訪れるといいですよ。

さて、明日はいよいよサナアに！

ジブラのローカルな光景その2

イエメン　Part6　サナア

▼2004年8月29日　サナア（イエメン）

朝の8時半に出発したバスは壮大なパノラマコースを通る。『地球の歩き方』のイエメンの章の冒頭によると、かつてアラビアには3つの国があったという。ひとつは「砂のアラビア」。つまり現在のサウジアラビアを中心とした広大な砂漠地帯。そして「岩のアラビア」。現在のシリア、ヨルダン周辺の巨大な岩山が密集している地域。最後に「幸福のアラビア」。これがアラビア半島の南端にあった国を指している。

その昔、イエメンはヨーロッパの人々から「Arabia Felix（幸福のアラビア）」と呼ばれた。古代からインドと地中海を結び、「海のシルクロード」の要地として栄えてきた。

石油は出ない貧しい国のイエメンだが、この国の風土や景観にはまことに圧倒される。

途中、トイレ休憩の時に乗客の男性1人が、土手に生えている木の葉っぱをちぎってきて、むしゃむしゃとラクダのように食べ始める。それをほかの乗客にも渡して、みんなむしゃむしゃやり始める。私にもくれたので、用心しながら、その中の綺麗そうな葉っぱを選ん

民家に首を突っ込むサナアのオールドシティーにいたラクダ

でむしゃっと噛み始めた。それは飲み込まないで、しばらく口の中に溜めておく。むしゃむしゃしたら、こぶとりじいさんのようにどちらかの頬に貯めておき、葉っぱから出てくる味を味わう。

あとでホテルのスタッフに聞いたところ、それは「カート」という植物らしい。まあ、噛み煙草のようなものだ。『歩き方』によると、このカートはアカネ科の木の葉っぱで、ちょうど今が旬のようだ。お酒がご法度なイエメンでは、これが男たちの酒盛りなのだ。

これをむしゃむしゃと噛んで、頬に溜めておくことにより、軽い神経興奮作用が得られるらしい。イエメンの男たちはこれに目がなく、社交の場では大の男どもがミカンほどの大きさに片頬を膨らませながら、くつろぎの時間を共に過ごしている。

お友達になる印としてこれを渡されたら、一緒にむしゃむしゃやりましょう。イエメン人は交流の輪をこうして広げていくのだ。

バスは景色の素晴らしいところを次々と通り過ぎながら、12時30分にサナアに到着。しかし、バスが着いたところは全くどこだかわからない。アラブの遠距離バスターミナルは、どの国も本当に得体の知れないところにある。でも、心配ご無用。アラブの人たちは極めて旅人に親切だから（コーランにも親切にしろと書いてあるらしい）、絶対に誰かが目的地まで案内してくれる！

そこからダッバーブ（ミニバス）に乗って、私の目指すオールドシティまで中年紳士がわざわざ私を連れて行ってくれた。

そこはまさに中世の時代に逆行したような町並みだった！　男たちは腹に半月形をした短剣、ジャンビーアを挿している。ジャンビーアの尖った先が自分の腹のほうに向いているので、この挿し方は戦闘用ではなく、何かのしるしのようだ。

『歩き方』によると、それは一人前の戦士として、そしていい家柄のシンボルとして身に着けるものらしい。このジャンビーアはマーケットで売られていて、銀製のものは日本円でウン万円もするらしいから、身に着けられるのは金持ちの特権ということになるのだろう。

オールドサナアでは、旅行者の間で良くも悪くも噂が絶えない、オールドサナアパレスホテルに泊まることを決めた。受付のスタッフは私が日本人だと知ると、最上階の眺めの一番いい部屋に連れて行ってくれた。

旅行人のホームページの書き込みでよく出てくる６０２号室だった。

部屋には窓が二方向にあって、そこからオールドシティの景色がばっちり見渡せる。部屋は夏休みの割にはがらがらで、日本人宿泊者は私一人だったようだ。

オールドシティーへの入り口となる“バーバルヤマン（イエメン門）”。サナアで一番の賑わいを見せる。真ん中右の素敵な老人を見てください。ちゃんとジャンビーアを挿していますね

歩いているだけで感動してしまうサナアの街並み

サナア良いとこ一度はおいで！

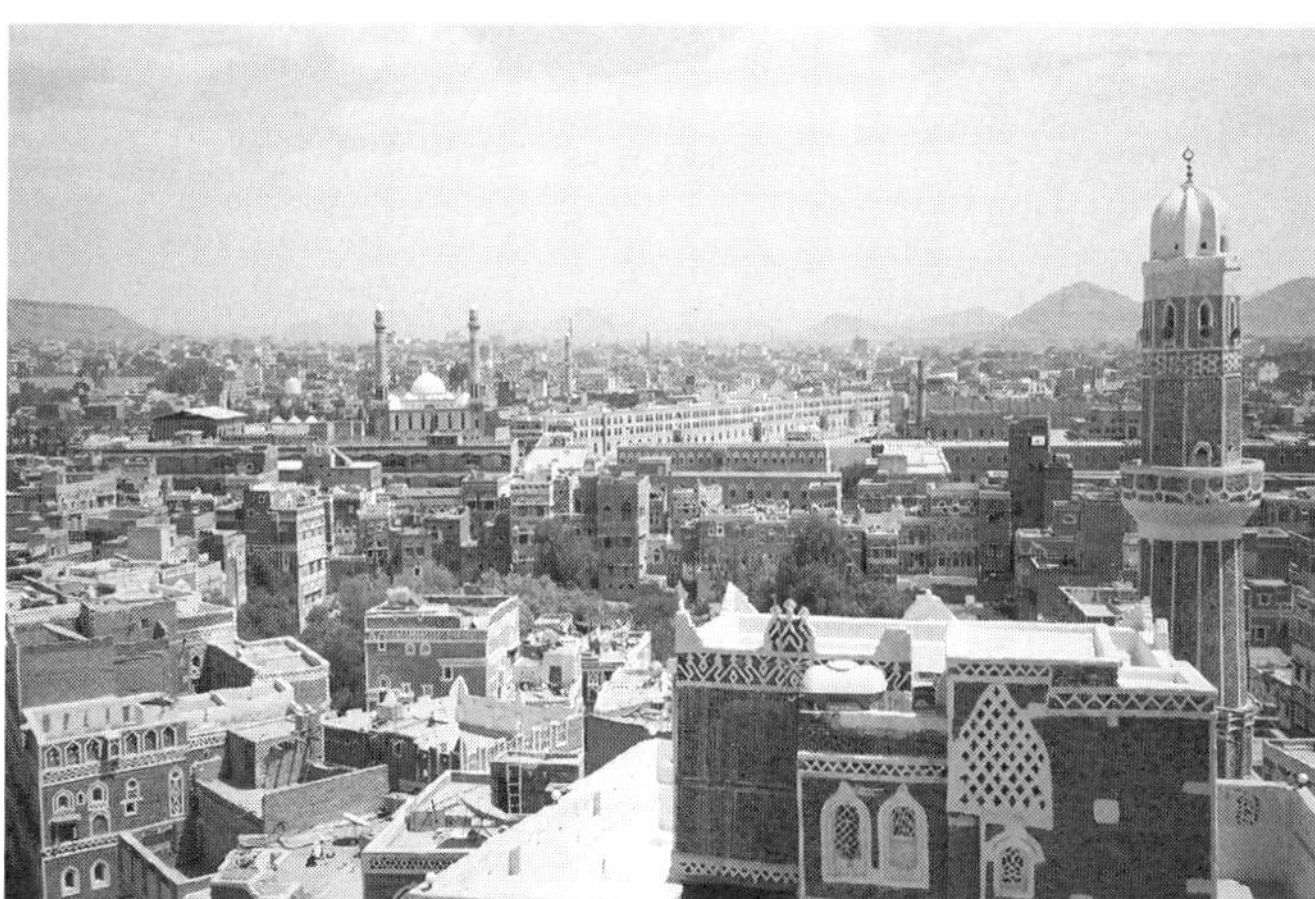

オールドサナアパレスホテルの屋上からは大パノラマが楽しめる！

ここでお茶を飲みながら、ゆっくりと街並みを眺めていたいね

私の部屋からもこんな景色が！

早朝になると、あの塔からアザーンの大爆音が鳴り響く

アザーンで早朝目覚め、朝日の昇るサナアの街並みを見るのもいいなあ

イエメン Part7 ワディ・ダハール

▼2004年8月29日 ワディ・ダハール（イエメン）

サナアに着いて、ひと通り街を回ったあと、郊外にあるワディ・ダハールに行ってみることにした。サナアの町外れからミニバスに乗って、ワディの最初の町、スーク・アル・ワディまで行く。そこから乗合タクシーに乗って、ロック・パレスのそびえ立つところまで連れて行ってもらう。この辺りの景色はなかなかすごいので、歩いて見て

これがイエメンのロック・パレスだ！

イエメンにオイルは出ないが、このような大自然がある

緑の豊かさのほうがもっと貴重だ

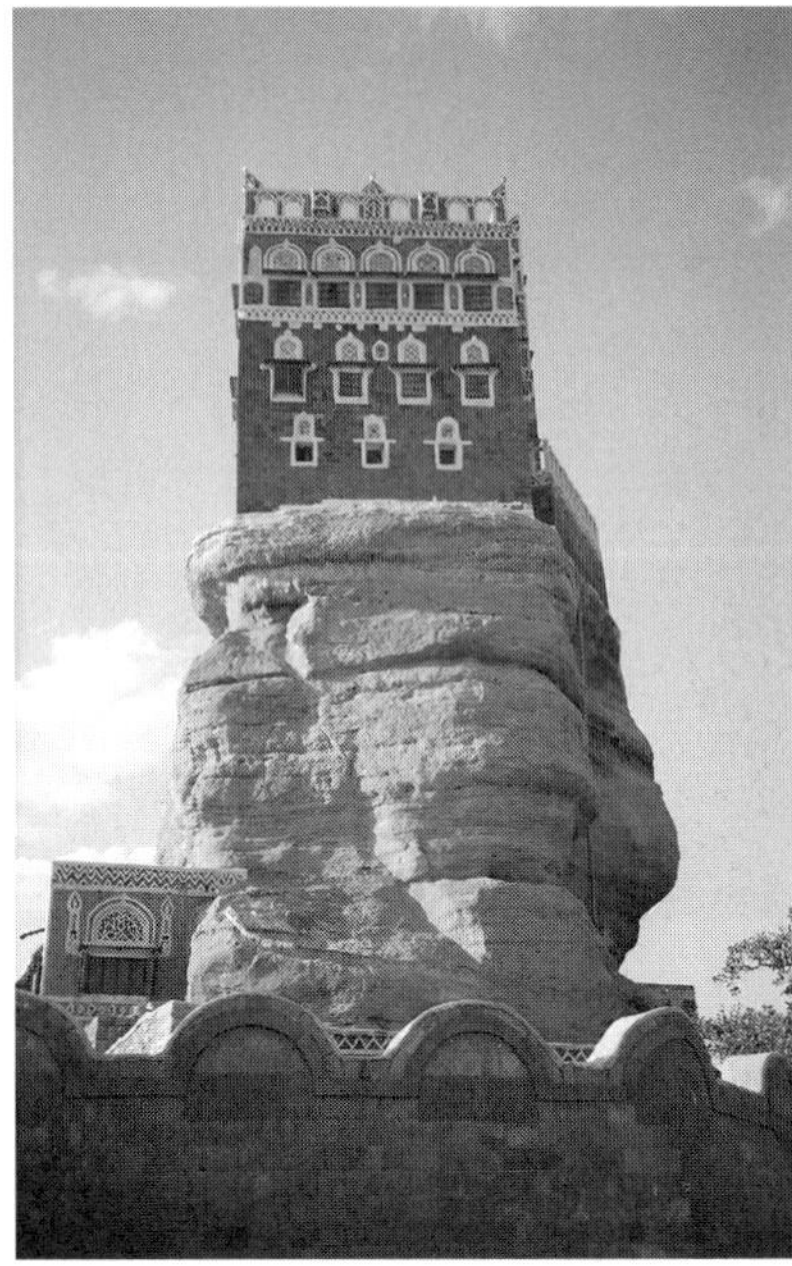

ロック・パレス　その2

回るのもいいだろう。

　ロックパレスには500YR（18・4YR＝$1　2004年）払ったら、入場できる。この建物は、1930年代にイエメンを支配していたイマームの夏の別荘だったそうだ。今はイエメン政府が所有していて、観光客に開放している。それにしても、こんな別荘を岩の上に建てるなんてすごい。

イラン　イスファハン

一般的にモスレムの国というとあまりイメージが良くない。金曜日に行われる処刑、抑圧された女性像、現代社会とは異なる異文化、ラマダンなど。

しかし、私が経験したモスレムの社会は違っていた。パキスタンもそうだったが、宗教や人種が違っても、モスレムの人たちはたいてい異国から来る旅行者に非常に親切だった。むろん、全員が全員というわけではないが、多くの人たちが好意的で、旅を非常に面白くしてくれた。

このイスファハンという町は、とりわけそのことに関して際立っていた。バスに乗ってチケットがなかったとき、私の分も払ってくれた若い女の子や、フリーパスにしてくれたバスの車掌。日本やほかの先進国ではまずあり得ない話だ。

それにもまして、この町は芸術的に魅力がある。「世界の半分」と讃えられたサファヴィー朝の王都、イスファハンには、ユネスコの世界遺産に指定されているイマームの広場がある。そこは夜になると家族ぐるみでピクニックにやってくる。芝生のあちらこちらでたくさんの家族が食べ物と飲み物を持ってきて、団欒をしている。まことに平和的で和やかな雰囲気。そして外国人が通ると、たいてい声をかけてくれる。情報があまり入らないぶん、外国に対して興味津々なわけである。特に若い世代、それも若い女性が積極的に話しかけてくる。家族の中でも、一番積極的なのが娘さんたちだ。

イスファハンの中で私が非常に気に入ったのは、ザーヤンデ川沿いの風景であった。その景観はイタリアのフィレンツェに似ている。ハージュ橋やシャレスタイン橋などがあり、

テヘランのマーケット！

その橋の中にチャイハネ（日本でいうと喫茶店）がある。ここがなんとも非常に楽しい場所なのだ。

店内の調度品や川の見える景色は言うまでもなく風情があり、モスレムという感じを与える。お茶も気品に溢れた味でおいしく、クッキーなどのスナックもありヨーロッパ的な風情がある。

ほかに驚かされた光景がそこ

イスファハンのチャイハネで、女の子たちに囲まれる

にあった。それは若い女性の存在だ。今までまわったモスレムの国で、女性がカフェテリアはおろかレストランにいるのをほとんど見たことがなかった。モスレムの中でも進歩的なモロッコでさえそうであった。

ところが、この非常に保守的なモスレムの国とされるイランで、大勢の若い女性がチャイハネにいたのである。それになんと、水パイプをプカプカやっているではないか。これは乾燥した花をタバコにして吸っているようで、匂いが非常に香ばしい。

この光景は、モスレムの国にしては非常に官能的である。黒いチャドルで全身を覆った若い女性がパイプをくわえてプカプカしているのは、なかなかの光景だ。しばし、我を忘れて見とれてしまった。

そして後ろの席を見ると、若い大学生風

女の子たちとおしゃべり

の男女2組がいた。その中の一人の女の子の誕生日らしく、バースデーケーキが用意されていた。私は早速カメラを出して、その風景を撮ってもいいかと尋ねて写真を撮った。しばらくして、女の子がどうぞと言って、ケーキを私たちにもごちそうしてくれた。

私はテヘランで知り合って、スイスに亡命したチベット人と、一緒にお茶を飲んでいた。

また、反対側の席には4~5人の若い女性が席に座っていて、その中の女子高生らしき女の子がこちらをちらちら見ている。

しばらくして、彼女たちは席を立って会計をしに行ったのだが、その中の一人がまだこちらを見ている。そこで私がニコッとしたら、思いきったようにこちらの席にやってきた。すると、残りの女の子たちも続いてきた。それからいろいろと話が始まった。やはり、若いイラン人たちは、外国人に非常に興味があるらしい。どんな生活を政府から強いられているのか私にはわからないが、非常に驚いてしまった。

まさかイランに来て、女の子たちと会話ができるなんて、まして隣に座ってくれるなんて、あるいは公衆の場でこんなことが許されるなんてと思い、あっけにとられてしまった。バスの中でさえ男女は前後に分けられているのに。

10分経ったら、私たちは行かないといけないと言い残して出ていってしまった。なぜなんだろう？　門限があるのかな。まだ午後3時くらいなのに。でも楽しい一時を過ごせて幸せだった。

一緒に座っていたチベット人も、あっけにとられながら一部始終を見ていた。でも彼はあまり会話に参加しなかった。

最後のお茶をカップに注いで、おいしそうに盛られたクッキーを彼と食べながら、少し余韻に浸った。

しばらくして私たちも会計をして外に出ると、美しい夕日が川と橋を真っ赤に照らしていた。

ジンバブエ

ジンバブエは、2年くらい前から行ってみたいところであった。なぜかというとその名前に引きつけられたからだ。そういえば、大学1年が終わったときに、急にワシントン州から出たくなり、いろいろな大学リストを見ていたら、チャタヌーガというテネシー州にある大学、University of Tennessee/Chattanooga（テネシー大学チャタヌーガ校）という名前にただ魅力を感じて、転校を決めたことがある。シアトルにいたアメリカ人の友達も、なぜそんなところに行くのと不思議な顔をしていた。

今回も同じような理由で、モンゴルからジンバブエまでタイ経由で、長ーい長ーい飛行機の旅のあと、恐怖のヨハネスブルグに着いた。

おそらく世界で一番恐ろしいところであろう。何しろ、夕方5時以降は道を歩けなくなるからだ。歩いたら必ず何かを盗られるであろう。女性だったらレイプされてしまう。そんなところに長居は無用。一泊しただけで、同じゲストハウスに泊まっていたドイツ人のN嬢とともに夜行バスでジンバブエに向かった。

まず着いたのが、世界三大名瀑布のひとつとされるビクトリアの滝である。だが、ちょうどモンゴルの場合と同じように、時期的にここも混み合っていたので、普通クラスの宿が空いてない。するとN嬢は、バックパックの中からテントを出して、寝袋を持っているんだったらあなたもどうぞと言ってくれた。このような助け合いは、バックパッカーたちの間では男女を問わず当たり前のことだ。私は、どこかで貸してくれるところはないかとうろうろとして、通りすがりの現地の人に聞いてみたら、「僕はガイドをしているんだけど、今晩はバンガローに泊まるから、君に僕の寝袋を貸してあげよう」と、すんなり貸してくれた。前回のモンゴルといい、今回のジンバブエといい、もうホントかいな？　というようなラッキーの連続だ。

——ということで、無事泊まるところにありつけたけれど、少し不安なのは、このへんで、夜、象がテントを踏みつぶした事件があったことだ。

N嬢は次の日、タンザニアに向かいたいと言って、そこに行くオーバーランドトラック（荷台を改造し座席にしたトラック）に乗って行ってしまった。

一人になった私が、ビクトリアの滝の近くにあるザンベジ川のほとりを歩いていると、白人の男性と女性、それに銃を持った黒人のレンジャー3人が、道の真ん中で何かを眺めていた。よく見ると、そこから数メートル離れたところに、巨大な野生の象が2頭いて、道を塞いでいるではないか。サファリならともかく、こんなところで象に出くわすとは、さすがアフリカ！

　しばらく彼らとともに象を見たあと、そのまま散歩を続けていると、今度は藪の中で何かがごそごそ動いていた。何がいるんだろうと、そーぉっと近づいて覗いてみると、ピョコンピョコンと、テレビでも見たことがあるミーアキャットが一匹ずつ、漫画でも見ているように現れた。

　そこで、これは絶対、写真を撮らなくてはと、藪の中を追いかけ回した。数十秒追いかけ回したがいない。ふと顔を上げると、5メートルくらいのところに巨大な象がいて、こちらを睨みつけている。やばい！　と生存本能がとっさに働いて、カメラを持ちながら、ドサドサと藪の中を急いで後ずさりした。

　こんな生死に関わる状況の中で、よく写真を撮ったものだと我ながら感心したが、実際いつ撮ったのか憶えがない。九死に一生を得るといった感じで懸命に逃げた。とにかく無心の状態だった。

　なんとか逃げられたが、藪の中を逃げ回ったのでズボンが引き裂け、腕や足は切り傷だらけ。なんと言っても、アフリカの藪はトゲだらけで、野生動物と同じくらい恐ろしい。びりびりになったズボンのまま、町へ向かって歩いていると、今度は道路の脇のほうにバッファローのようなものがいて、こちらを睨みつけている。

危機一髪の瞬間。藪の中を後ずさりしながら、必死の思いで撮った１枚

ゾウさんを怒らせないように、そーっと近づいて観察する

あの角に投げ飛ばされたら、今度こそ大変な目に遭う。バッファローを怒らせないように、非常に慎重に通り過ぎていく。アフリカは、町の真ん中にいても自然の中にいても油断大敵、ということを肌で感じた次第である。

野生動物から大歓迎されたジンバブエの始まりであったが、ビクトリアから離れて、グレートジンバブエ遺跡のベースとなるブラワヨに列車で向かうことにした。

予約した席のコンパートメントに行くと、どこかで見かけた人が乗っていた。「あの象は迫力があったね」と声をかけてきた。あっ、ザンベジ川を散策していたときに、象を一緒に見た人だ。なんと彼はロンドンの某大学教授で、一年に必ず3か月の夏休みを取って、一人旅に出るという。アフリカには以前来たことがあって、非常に情報に詳しかった。話し方も、大学で授業をしているような典型的なクイーンズイングリッシュで、イギリス人特有の皮肉癖もあった。

「君はこれからどこに行くのかね？　ブラワヨだったら、朝食つきで安くていいホテルがある。それに駅まで迎えに来てくれるはずだから、タクシー代もかからない。私もそこに行こうと思っている」と、とんとん拍子に次に泊まるところが決まった。

私は人をすぐに信用してしまうところがあるが、旅行していてあまり人から騙されたことがない。けれどもブラワヨに着いてから、次のような事件に巻き込まれてしまった。

背の高い麦わら帽子をかぶった黒人から、グレートジンバブエに行きたければ、安く連れていってあげると誘われた。普段はこのような勧誘にのらないのだが、教授から国立公園の入園料が今月から2倍以上に跳ね上がったと聞かされていたので、安くいけるかもと思いのってしまった。

麦わらの彼は時間どおりにホテルに現われた。ガイド料、入園料、交通費込みで値段交渉をし、前払いではなく、帰ってきたら払うと主張して話がまとまった。彼の連れてきたタクシーに乗って、グレートジンバブエに向かった。ところが門のところで、タクシーだと入園できないことが判明した。しぶしぶ、タクシー運転手にここまでの料金を払った。これでツアー代の半分以上がなくなってしまった。さらに入園料を払ったら、彼にガイド料金として払う分がマイナスになってしまう。

もうこれで、彼がいかさま師であることはほぼ確実だが、ここはバスも何もないところだ。どうしようかと考えていたら、そのガイドは前に停車していた乗用車に急いで駆け寄り、乗っていたオランダ人の老夫婦に話しかけ、グレートジンバブエを一緒に見て回ることを交渉したらしい。おまえも来いと手招きされたので、もうここまで来たら、どうにでもなれと思いつつ、彼らの車に乗り込んだ。

オランダ人老夫婦は非常に人がいいというか、親切というか、慈悲深い人のようだ。とにかく、とんでもない状況からの救世主であったことは間違いない。ガイドのほうはと言えば、自称ガイドなのに全然グレートジンバブエの地理に詳しくない。そればかりか、なんの説明もしないで、ただ偉そうな口ばかりをたたく。なんとかこいつをどこかに置きざりにする方法はないかと思案したが、老夫婦に状況を説明する時間とスキはなかった。

老夫婦はいろいろと連れていってくれた。ある場所で、ツアーの車が道路の脇に止まっていて、数人の人が集まっている。我々も車を止めて、人の集まっているほうに向かって歩いていった。サイが2頭、木陰で休んでいるところだった。ところがライセンスを所有していないガイドと一緒に車の外へ出ることは違反となるらしい。当然、我々と一緒にいたガイドはライセンスなんか所持しているはずがない。すると、そのグループのガイドは我々のことを事務所に通報してしまい、出口のところで捕まってしまった。一番狼狽したのは、オランダ人の老夫婦であった。私もこんなによくしてくれた老夫婦がこのような事態に巻き込まれるなんて、非常に気の毒に感じてしまった。

「私たちはただこの人たちを乗せてあげただけなのに。休暇を楽しむためにここに来たのに」と抗議したが、処罰をどうするか決めるまで、誰も外に出られなかった。

やっとのことで、我々は無事釈放されたが、心優しい老夫婦は、これまた親切に我々をホテルの近くまで送ってくれた。

そして、ガイドはやはりガイド料を請求してきた。「最初の交渉の額は全部使ってしまったので、君に払うものはない」と言い張ったが、極道を貫くガイドは、払えなければ警察へ行こうと強気である。こちらも自分が正しいと思ったことはやり通す性格なので、「よし、じゃあ警察に言って話をつけよう」とこっちも突っ張った。でもジンバブエの警察は、ひょっとしたらこいつとグルで、もっと金を巻き上げられる不安も半ばあった。

警察に行って事情を話すと、別の警官にも事情を話せと言われ、またさらに別の警官にも話せと、署内でたらい回しにされて2時間以上も過ぎた。

もう帰ろうと思って外に出たが、ガイドが追いかけてきて引き戻そうとする。泊まっているホテルを知られているので、これでは逃亡もできない。

結局、最後に偉いさんと話をつけて、彼のほうが悪いということでホテルに帰っていいことになったが、気が収まらないガイドはあとをつけてきて、道にあった大きなレンガを両手に高々と持ち上げて、「ガイ

岩の上で昼休み中のカバ

ド料を払え！」と脅してくる。通行人は我々を避けて通るので、誰もこの狂気のガイドを抑えてくれる人はいない。

私のほうもこの距離では、蹴りや突きもできない。なだめるようにして両手で頭をブロックしながら、警察署に近づいていく。警察署の前まで来ると、先ほどの警察官らが飛び出してきて、即刻彼を取り押さえて手錠をはめた。

もうこれで安心。ホテルに帰って、おなかを空かして待ちわびていた大学教授とレストランへ。


次の朝、教授がブンバに行く途中に温泉があるから、そこにちょっと浸かってのんびりしようということになり、早朝にバス停に向かった。

ところが私がバスに乗り込んで、教授も続こうとすると、突然またあのガイドが現われて、教授に「あいつはまだ俺に金を支払っていないぞ！」と言った。でも、バスの中まで入ってくる気配はなかったので、やれやれという感じで席に腰を下ろしたが、なんともまあいいかげんな逮捕のされ方だと思いつつ、野生動物からだけでなく、人間からも襲われるなんて、アフリカの旅は体力だけでなく、勇気もかなり要すると実感した。

バスを降りて、温泉でしばし体を休めた。教授はなかなか物知りである。でも少し変わっていて、ある日、旅先で元教え子とばったり会ったとき、生徒よりも安いホテルに泊まっていたんだと自慢げに話していた。ちょっとした世間話をしても、レクチャーのようにクイーンズイングリッシュで語る彼は、休み中でも教授のような仕草や口調が抜けないようだ。

いよいよブンバに到着して、ペンションの部屋で荷物を整理していると、教授が「この近くにあるトニーズカフェに行って、そこでケーキを食べながらお茶にしよう」と誘ってきた。

ペンションからしばらく歩くと、目に入ってきたのはかわいらしい庭の中にあるカフェだ。えっ、アフリカにこんなしゃれたお店があるの？　と疑いたくなるような感じ。

早速、中に入って、庭の席に教授と腰を下ろした。そしてこれまたクイーンズイングリッシュで喋るウェイターが、ウェイターらしい格好で出てきて、「チョッコレィットクリーイムのチョッコレィットケークがエクセッレントゥ！」と店自慢のケーキを薦めてくれた。教授も、「それそれ！」と答えた。でも、教授ともあろう大の男が、真剣なまなざしで私にこう語った。

「君に警告したいことがある。これをランチとして食べるわけだが、いいかね、もしも君がこのチョッコレィットケークを一人でひとつ食べると、ディナーが食べられなくなる。したがって、私と半分ずつ食べないかね？」

私はしばし自分の耳を疑った。女の子ならともかく。大の男とケーキを2等分して食べるなんて、んー！　昨夜は一人でステーキをたいらげていたから、それほどけちでもないし、でも、あの真剣なまなざしはひょっとしたら信頼する価値はあるかも⁉　私はしばらく言葉を返すのにとまどったが、「オーケー。そうしましょう」。

　なんと前代未聞。男とケーキをシェアしてしまった。「じゃあ、私はアイリッシュブレックファーストティーをください。ミルクと」とウェイターに言った。教授も「わたしもそれで」と言った。

　いろいろな世界のケーキを食べ歩いたが、これほど濃厚なチョコレートケーキは生まれて初めてであった！　かめばかむほどチョコレートがチョコレートを生む。んーんと唸る。しばし、チョコレートをよーく味わうと同時に、教授と暗黙

シルバーポットでアイリッシュブレックファーストティーを注ぐ教授。その後ろにあるのが驚くべきチョコレートケーキ

の取り合い競争が起きていた。

それにもまして、出てきたアイリッシュブレックファーストティーの素晴らしいシルバーポット！　おそらく英国から取り寄せたのだろう。さすが教授、シルバーポットを気品と風格で掴んで、見事に一滴もこぼさず、私のティーカップの中に注いでくれた。早速、チョコレートを含んだ口の中にティーを流し込む。こんなおいしい紅茶を飲んだのも生まれて初めて。これはシルバーポットのせいなのか？　あとでホテルの紅茶も飲んだが、明らかに質の違いを感じた。それもアフリカで！　誰がこんなことを予測したろう？　アフリカで教授と世界で一番おいしいチョコレートケーキとティーを味わうなんて。違いのわかる教授と私のひととき。

そして見事に教授の警告は正しかった。ほかに食事はしなかったのに、夕食の席についてもなぜかお腹がいっぱい。一人であのケーキを食べていたら、どうなっていたのだろう？　さすが教授、お見逸れしました。

モロッコ　カサブランカ

　2000年の最後の旅は、モロッコで終わりかけていた。メディナ（マーケット）でうろうろしていると、変な男がいきなり現われ、不意に私に近づいてくる。そしてサッカーのプレーを真似しながら、いきなり私のポケットに手を突っ込んできた。その行為は非常にどじであり、明らかにド素人であった。「何をする！」と男を飛ばして、そのままモスクのほうへ向かった。その後、それを見ていた女性が僕に英語で声をかけてきた。

「気をつけなさい。あなたはどこに行くの？」

「ハッサンモスクだけど？」

　この女性はさっきの奴とぐるかな？　そういった疑いが頭をよぎったが、「私が一緒に行ってあげる」と同行してくれた。

　頭から下までいかにもモスレムの女性という服装をしていた。いかに進歩的なモスレムの国であるモロッコでも、女性が得体の知れない外国人と歩けるの？　でも彼女は私と一緒に歩いて連れていってくれた。人の目も気にしないで。

モロッコの夕陽

ハッサンモスクでピースポーズ。モスレムの女性も日本の女の子に影響されたのか？

「一人でこんなところ歩いていてはだめ」

あとでわかったのだが、20歳の女学生から注意されてしまった。

モスクまで行って写真を撮って、これからどうしようかと思っていたら、彼女が私の家にいらっしゃいと誘ってくれた。彼女のお父さんは英語が得意なので、あなたと会ったらきっと喜ぶだろうということであった。そしてお家に案内されて、家族を紹介された。

父親は某企業の料理長で、20歳も違う2人目の奥さんと結婚。そうしたら、前の奥さんは出ていってしまった。今は彼女の他に娘2人と息子1人の6人暮らしで、小さなアパートに住んでいる。先ほどの女の子がクスクスを料理してくれるというので、できるまでお父さんとカフェに行くことにした。

食事のあと、お父さんが先ほどの娘さんとのデートを公認してくれた。今度はメイクをして、西洋スタイルの服装で再びメディナへ。

不思議なモスレムの国の近代的なカサブランカでの心臓どきどきのひとときだった。

マダガスカル

旅が終わって、写真を見ていた。あとになって行ってよかったと感動する国は、やはりマダガスカルだろう。そこに住み着く動物のユニークさは、ガラパゴス以上のものではないか。

しかし、マダガスカルには動物のほかに、もっと心を引きつけるものがある。それは人であり、地形や植物、そしてなんと言ってもバオバブの木々であった。

マダガスカルの人たちはインドネシア人の血が入ったアフリカ人であるが、自分たちをアフリカ人と思っていないらしい。

タナの町は、どちらかというとポルトガルの町を思い出させる。次に大きい町であるタマタブは、タナから車で10時間くらいのところにある。ここは港町でよく日本からの船もやってくるそうだ。

タマタブで道を歩いていると、薬局から出てくる女の子がいた。そしてしばらく歩いていると、ピックアップトラックが横に近づいてきて、中をよく見ると、さっきの女の子で

バオバブ街道１

バオバブ街道２

私の行く道に立ちふさがるマダガスカルの美人姉妹

はないか？　その隣には別の女の子が乗っていた。

その子が、「これからどこ行くの？」と声をかけてきた。

「今からタナに戻るチケットを買いに行くのだけど」

私はこの子たちは「プロ」なのかなと疑った。「君たちは何をしているの」と尋ねると、先ほど声をかけてきた子が答えた。

「彼女は私の妹で、翻訳関係の事務所で働いているわ。私は美容師。妹のお腹の具合が悪くて、薬を買いにきたの」

とても魅力的でかわいい子たちだ。それにしても、道を歩いている見知らぬ男性に声をかけ、車でチケット売り場に連れていってくれて、そして、帰りはホテルまで送ってくれるとは。お金など要求されるのか

ドライフルーツを道端で売る少年

なと思ったけれど、何も要求せずに去っていった。疑って申し訳なかった。親切なのは、お国柄なのか気候のせいなのか。マダガスカルのほんのり幸せなひとときは、儚く消えていった。空の空なるかな、すべて空なり。

南アフリカ　ネルスプリット

南アフリカは恐ろしい国らしい。らしいと言うのは、私が経験したからではなく、その状況や現地の人の話に基づいて結論を下したからである。実際にその恐ろしさに遭遇していたのなら、この話を載せられなかっただろう。

ヨハネスブルグは一日でパス。すぐにジンバブエに入国。その後、戻ってきてもなるべくプレトリアに滞在するなどした。

だいたい午後5時を過ぎて道を歩けないなんて、こんなとんでもない国はこれが初めて。もちろん歩けるが、気が確かであるのなら誰も歩かないだろう。着いた数週間前に女性旅行者が近くの公園でレイプされた事件があり、もうこれを聞いただけでうんざりしてしまった。

プレトリアでクルーガー国立公園のサファリのツアーがあったので、それを申し込んだが、当日の朝、すでに1時間待ってもお迎えがこない。先方は、もうすでに向かっているので待ちなさいと、いいかげんな返事。2時間たっても来ないので、もう一度連絡したら、ドライバーがここに来るのに迷っているらしい。とうとうぶち切れて、お金を返してもらった。

どうしようかと思っていると、オーストラリア人の若いカップルもクルーガーに行くというので、乗せていってもらうことにした。不幸中の幸い。

結局その日はクルーガーに向かわずに、ネルスプリットに滞在することにした。とりあえずインフォメーションに寄って、その町の情報をゲットする。チラシを見ていると、教会がパブになったところがあって、そのオーナーがゲストハウスをやっていると書かれてあった。早速、電話をしてみると、部屋が空いていると言う。教会？　パブ？　に来いというので、オーストラリア人カップルが親切にもそこまで連れていってくれた。

まず出てきたのが、デーヴという気さくなオーナー兼バーテンダーである。教会をパブにした経緯はこうだ。

この教会は新しいビルを作るために壊されることになった。しかし、デーヴがそれをパブに改造して保存するという提案を委員会に提出したら、少数の地元民の反対もあったが、町の由緒ある建物であったため彼の考えが認められてパブになったそうだ。

デーヴに続いて出てきたのが、若くて美人の奥さんのベラ。彼女はゲストハウスのほうを担当していて2児の母親だという。彼女がゲストハウスに案内してくれた。

その前に旅行会社に行きたいと言ったら、これまた親切にショッピングセンターにある

教会パブの前でデーヴとベラ。ハンバーガーがお薦め

これで一泊10ドルのお部屋

クルーガー国立公園内のサイの親子

公園内に落ちていたダチョウの卵を拾う

旅行会社まで連れていってくれた。ここでもやはり、身の回り品とか気をつけないといけないという。こんな小さな町なのにと思うと、ちょっとショックだったが仕方ない。

その後、案内されたのは素敵な彼女たちのゲストハウスで、部屋も超ゴージャス。ベッドもキングサイズで、一人ではちともったいないような広さである。裏庭は市営公園になっていて、散歩にはもってこいのミニサファリ。住宅街にあるので、ディナーを食べにいくのに、奥さんがまたレストランまで連れていってあげると、友達級のもてなしのされ方。こんな美人の奥さんにいろいろお世話になるなんて、今までで最高のゲストハウス滞在だった。

運命の旅人

インカの地で受け取った
メッセージ
Prophecies in Inca
1がすべてで、
すべてが1であるのなら、
そのすべてである1は
どこから生じた？

私は1986年からほぼ1年を、南米で過ごしていた。

マイアミでの生活がピークを過ぎて、変化を求めるために南米を旅行したい気持ちが強くなってきた。

マイアミでは日系ペルー人の家族と一緒に住んでいたが、旅行会社に勤務していた彼の母親に頼んで、南米周遊のチケットを手に入れた。ブラジル、チリ、エクアドル、アルゼンチンなど行きたいところは全部行ってみた。

最後にインカ帝国があったマチュピチュを見ようとクスコにやってきた。クスコの町を歩いていると、窓に日本語で何かが書かれていた。ベジタリアンレストランのようだったので中に入ってみた。おそらくここで、どこか適当なペンションを教えてもらえるかなという気がした。

レストランの中には5~6人の日本人がいた。宿のことは奥のほうにいる紫の服を着た男性に尋ねてくれと言われた。彼のほうに行ってみようとしたが、何か畏怖感があった。それでも思いきって尋ねてみたら、家がペンションになっているからよかったらどうぞと言われた。それでレストランが閉店したあと、丘の上のほうにあるペンションへ連れていってもらった。

荷物を部屋に置いて、そこの滞在者たちとキッチンでお茶を飲みながら雑談をしていると、このあと3人くらいで瞑想をするから、君も興味があったらやらないかと、紫の服を

ペルー　マチュピチュ

着た男から誘われた。

それまで誰かと瞑想をしたことがなかったので、やってみることにした。紫の服を着た男は、時間があれば私やほかの人たちに瞑想を指導してくれた。

クスコに1週間滞在する予定だったのが、このペンションの居心地があまりにもよかったので1か月も滞在してしまった。

そこは不思議な空間であった。こんなざっくばらんな人間関係があるのかと感心してしまうほど、そこにいる人たちは純粋で、気さくであった。その日一日一日を、なんのこだわりもなく楽しく生きている。


キッチンでお茶を飲みながら、紫の服を着た男にこう言われた。

「君はインドのプーネに行ってみたらいい

かもしれないな」

世界を放浪しても、アフリカとインドには行かないと思っていた。まさかこのひと言が私の人生を完全に変えてしまうとは、その当時、無謀な人生を送っていた自分には到底、見当もつかなかった。

何気ないそのひと言は、それ以降も何度も思い出された。これは果たして、消えた空中都市であるインカ帝国から、道にさまよっていた私に対する愛のメッセージであったのか？

神秘の水　Mystical Water

人間が生きていくうえで、大いに重要となる因子が呼吸であるのは明白だが、もうひとつ忘れてならないのが水である。それは、我々の生命を維持するためのものに留まらず、日常生活にも多大な影響を及ぼしている。しかし、それは空気と同様、過小評価されがちである。市場では多様な〝水〟が販売されているが、身体にとって本当に良質な水であるのかどうか、それを長年、私は探し求めていた。

インドから帰国したある日、アメリカからファックスが届いていた。日本でこれはビッグビジネスになるかもしれないという内容だった。ともかくそれを確認しに、アメリカに行ってみた。そこで紹介されたのが〝クリスタルエナジー〟であった。

「水の秘密はミネラルの構成要素だった。それらは、シリカやゲルマニウム、銀のほかに、高い電荷を帯びたミネラルコロイドである。これらのミネラルは特別な媒体となって、水の性質を変えてしまう。この水を7年かけて製造しようとしたが、失敗に終わってしまった。

そのとき私は、妻であったゲイルと出会い、一緒にフンザ地方の氷河の水の秘密を解明しようとした。そして、やっとできたのがクリスタルエナジーだった」とフラナガン博士は説明した。

フラナガン博士は、１９４４年オクラホマシティで生まれた。そして、５歳のときから機械をいじり始め、８歳のときに〝Russian Sleep Machine〟（ロシアン　スリープ　マシーン）と呼ばれる、脳波を落ち着かせる電気器具を開発した。11歳のときにミサイル探知機をデザインして、それがペンタゴンに知れ、トップシークレットとされた。そして１９６２年に〝ニューロフォン〟を発明した。

この天才博士に、流体力学の父とされ、コアンダ効果を発見したコアンダ博士から、フンザ水の秘密の研究が引き継がれた。

このように、神秘の水の起源はどうやらパキスタンのカラコルムに位置するフンザにあるらしかった。好奇心旺盛の私は、２００１年の杏の花が咲き始めた春、そこを訪れた。

フンザの山と木々

フンザの人たち

フンザの町は、日本人バックパッカーにとっても人気が高い町である。なんとかというアニメの舞台になったらしい。映画「失われた地平線」もここで撮影されたようだ。なるほど、ここで生活していれば、人の寿命も確実に伸びるだろうと感心するほどの景観の素晴らしさと空気のよさ、人のあたたかさがあった。

その前の年に、奇跡の水として崇められているフランスのルルドーにも行ってきたが、そこは商売気や宗教性を強く感じて、あまり感動しなかった。

ラカボシ山

しかし、ここは違った。まさに自然の中にある聖なるもの、自然の優美さ、壮大さを身にしみて感じさせる何かがあった。

さて、フンザの人々の長寿と健康をもたらす飲み水の源を探りに、町の背後にそびえ立つ氷河に登ってみた。その氷河の水は、人間の細胞を活性化する特別なミネラルを一緒に運んでくるらしい。もともと氷河の水は、ミネラルがない蒸留水と似た構成をしているが、その水の通過してくる鉱床に存在するコロイド状のミネラルが水を濁すようだ。たしかに中腹まで登ると、そこにはクリスタルのような石がごろごろしていた。

ここで水の神秘について語っていきたい。

水は地球表面の4分の3を覆うとともに、平均して私たちの全身重量の70パーセントを構成している。人間の筋力は75パーセント、脳は90パーセント、肝臓は69パーセント、骨は23パーセントが水である。

水には異常な特性があって、水の沸点、氷点をほかの水素化合物の尺度に従って予想すると、氷点がマイナス100度、沸点がマイナス80度となるはずだ。ところが水は海抜0メートルのところで0度で凍り、100度で沸騰することは基本的科学常識である。

そのことからも、水が全くのところ異常な物質であることがわかり始める。

もうひとつの異常点は、水は4度までは比重が高くなっていき、氷点よりわずかに高い4度で最大の比重に達する。しかし、氷点に達すると奇妙なことが起こる。

水は膨張するのだ。氷になろうとする温度で10パーセントも水は体積を増す。このため氷は水より軽くなり、水に浮くことになる。もしも、この膨張現象が起こらなかったら、最初に湖の底から氷ができ始め、水中にいる生物を殺すことになる。

さらに水には表面張力と呼ばれる力がある。表面張力とは水をくっつき合わせる力、互いに引っ張り合う力である。この力のおかげで、雨だれが球形を取る。

表面張力は水の表面を破断、ないしは分裂させるのに必要な力の強さとなる。表面が破断されない限り、水は自分よりも重いものを支えられなくなる。船が浮かんだり、アメンボのような昆虫が水面上をわけなく移動できる理由もここにある。

このように水は、人間や生物にとって欠くことのできないものであるだけでなく、生物にとって都合のいいように〝変容〟されている。


フラナガン博士は、フンザ水を分析したところ、濁ったミネラルはコロイド状の珪酸塩であると理解した。これは高いゼータ電位（表面電荷）がある非晶質のシリカであった。この水を博士は実験室で作ろうとして、５年以上に及んで何百という処方を試したが、うまくいかなかった。突破口を開いたのは、「マイクロクラスター」と命名され、商標にもなっている技術により作られた一種のミネラル触媒である「ナノコロイド」で、これが栄養素を微小化して、全く新しいタイプのミネラルコロイドに変える機能触媒として働く。

ひとつのナノコロイドは、人間の肝細胞の直径（約20ミクロン程度）の２０００分の１という大きさで、粒子がこのレベルにまで到達すると、その表面張力が莫大なものとなる。

このようにして、ナノコロイドは食品粒子を取り囲み、これらが細胞に吸収されるまでの間、電荷をもったミネラル被膜により、栄養粒子を保護する役割を果たす。

ナノコロイドは極めて高いゼータ電位を持ち、極めて微小であるため、容易に体内の細胞膜に浸透できる。ゼータ電位は動植物の生命の保持に決定的な役割を果たす。各器官を養い育てている何兆個もの循環器系の細胞（血液）を凝縮させてしまうことなく、分離独立させているのも高いゼータ電位があればこそである。反対に電位が低くなると、毒素が体液中に浮遊懸濁できないため排泄されず、栄養も細胞へ運搬されなくなる。

高いゼータ電位をもつナノコロイドは、栄養の吸収量を増大させ、毒素の排除を促進させる。その理由は、負電荷の栄養素が正電荷の細胞内液に適正に極性吸着し続けることを助けるからである。両者の電荷が適正なバランスを保持していれば、栄養吸収や細胞の代謝作用も、高エネルギー状態や活性化状態という点から、最適のレベルを維持できる。

このクリスタルエナジーの製造技術は、母なる自然がフンザ水のコロイドを作りだしている方法に相似した技術で、氷河の水が山腹を流れつつ、速度を高めながら、古い鉱物層にあたって砕け、酸化珪素からなるコロイドミネラルを拾い取る。

それには有機ポリマーが含まれていて、これがコロイドミネラルの被膜となり、放電を防ぐ絶縁体の働きをする。水が乱気流で運動すると、無数の渦を生ずるが、これがコロイドにエネルギーを与えている。

クリスタルエナジーは触媒的機能を有する液体で、ほかの液体にこれが添加されると、その液体の分子構造が変化し、〝生物学的に最も活性化した水〟となる。添加により表面張力が下がって、溶解力が増大し、ゼータ電位が下がり、強力な抗酸化剤としての機能を発揮する。

「細胞は死なない。それが浮かんでいる細胞液がただ退化するだけだ。この液体を定期的に新しいものと替え、必要な栄養を与えれば、我々の知る限りでは生命の脈動は永久に続くだろう」と言及したのは、ノーベル賞を受賞したカレル博士だった。

水はすべての生き物の母体であり、我々の70パーセントを構成している。

そして、その生物の体液に含まれる生命体を研究したカナダのネッセン博士やドイツのエンダーライン博士は、ソマテッドに注目した。ソマテッドは、小さな「光」で、健康な生き物には多量に存在する。このソマテッドがＤＮＡの先駆者で、事実上、ライフフォース（生命力）であると信じられている。

クリスタルエナジーにはこのソマテッドを活性化して、その活性化されたソマテッドはマイクロクラスターズの運搬系体により、細胞に多量の光を運んでいる。細胞に光が注入されると意識が高まる効果が出てくる。

聖なる水は我々の生命の源であるだけでなく、我々の意識を高めていく媒体でもあるのだ。

＊参考文献『解き明かされた「不老の水」』パトリック・フラナガン／ゲール・クリスタル・フラナガン（ドリーム書房）

チベタンパルシングとの出会い　Encountering Tibetan Pulsing

そして私は、ボンベイ（現ムンバイ）にやって来た。

そこでは今まで見たことのない壮絶な光景が私の前に広がった。こんな貧困と汚さが世界に存在していたのか？　いや、これがひょっとしたら、世の中の現実なのかもしれない。そんな思いに駆られながら、グルである紫の男に会いに行くため、ヴィクトリアステーションに向かった。

駅の構内を歩いていると、汚い格好をした男が私のほうに向かって歩いてきた。「おまえはサニヤシンか？　俺もサニヤシンだ。金をくれ」と訳もわからないことを言いだした。たまらず彼を突き放して、列車に飛び乗った。列車は5時間ほどかけて、そのグルのいるプーネについた。

そのプーネの町でも、私の人生の流れを変える出会いがあった。私はその時、29歳になろうとしていた。占星術ではサターンリターンというものがある。土星が生まれたときの位置に29・6年の歳月をかけて再び戻ってくることである。

サターンリターンは人生の最初にやってくる転換期で、女性の場合それがもっと顕著に現われる。30歳前後に彼女たちは性的ピークに達して、子どもを産むか産まないかが問題となる時期であるからだ。

私はプーネで、今まで自分が過ごしてきた人生の総決算をしなければいけない運命にあった。そして全く新たな方向に向かう人生が待っていた。その詳しい内容は時間がかかるのでここでは省略するが、ただひとつ話したいのは、今の自分の職業に関することである。

ここでの運命的な出会いは、テキサス州からやって来たアメリカ人ディラージであった。彼は紫の男同様、最初は何か近づき難い存在であった。

「チベタンパルシング」という、脈を使ってヒーリングをする方法を彼はＯＳＨＯ（オシュー／バグワン・シュリ・ラジニーシ。インドの宗教家、神秘思想家）のアシュラム（精神的な修行をおこなう場所）で教えていた。チベット医学では、通常、脈で病状などを診断するが、彼は瞳の虹彩を読み取る方法で診断をしていた。そして脈自体を身体の経絡のポイントに繋いで、バックグランドミュージックの周波数と特定の臓器の周波数をシンクロさせて、身体の気の流れを促していくメソッドを開発した。そこには理論的な幾何学が存在する。それを学んで、応用するまでにはかなりの年数がかかるが、彼はそれを2か月のトレーニングに体系化して、ＯＳＨＯアシュラムコースとして教えた。

ここで、ディラージがどのようにしてパルス（脈）の治癒力を発見したのかを話していきたい。

スピリチュアリティーに目覚める前、彼は20年間アルコール中毒で苦しんでいた。酒とドラッグと女性に溺れた生活が続いていた。食事をしないで、酒ばかりを飲み続けた結果、膵臓炎になってしまった。膵臓炎になると、最初の発作で生命を失うケースが多い。そして、二度目の発作が起きたとき、持ちこたえられる者はほとんどいない。

しかし彼は、4回も発作を起こしたが、それでも命を失わなかった。そのとき彼は、ようやくなんとかしなければという気になった。そこで瞑想を始めしばらくすると、意外にも彼に知覚の変化が起こり始めた。

その当時、彼はヨセミテ国立公園の近くにあるトレイラーに住んでいた。膵臓がかなり腫れていたので、ぶかぶかのパンツをはいていたが、ずり落ちそうだったので、いつも手で押さえていないといけなかった。そうしていると膵臓の痛みは不思議と和らいだ。膵臓の上に手が当たっていたからだと理解した。そしてそこで何かが起こっていることに気がついた。脈である。脈が痛みを和らげることを発見したのだ。

そしてある日、アメリカインディアンのメディスンマンであるヒアミオ・ストーム氏に出会って、シャーマニズムを体験し始めた。彼のリードによる瞑想を進めていくうちに、自分の内面世界で起きていることを知覚できるようになった。さらに、なぜ脈が膵臓炎を癒したのか、自分の知覚メカニズムについても研究した。そしてそれが神経組織の仕組みについての理解に繋がっていったのだ。

チベット系の僧院ではマントラを唱える業をよくする。しかし多くの人はマントラに深い意味があることを理解していない。マントラには非常に強力な治癒力がある。それをディラージは次のように説明する。

静かに座って、身体の特定の箇所に手を当ててみる。手を当てたまま意識的に声を出して震わせてみると、その音の誘導によりエネルギーが増幅される。

たとえば、膵臓に痛みを感じている場合、そこの上に手を当てて、声を出し、その部位を振動させると、痛みが取れてくる。痛みがある場所ならどこでも、そのようにして振動させると、同じことが起きる。要はトーンの違いである。その実験を繰り返していくと、身体の各部位には異なる特定の周波数があることに気がつくはずである。肝臓を振動させるためには特定の音質を要する。大脳を震わせるためには、異なる特定の音質を生みださないといけない。

指をドアに挟んだとき、最初に大声を出すはずだ。たいていの場合、その指を振動させる。その次に、その指はどくんどくんと脈打ってくる。痛みを和らげるために身体が自然に起こす治癒力なのだ。

チベタンパルシングが全盛期であった90年代後半に入って、新たな業法が紹介された。それはニューマインドというワークだ。これはもともとチベット密教カーギュ派の祖、マルパ・ローツァーワの師匠であるナローパの六法に基づいていると、チベタンの創始者であるディラージは語った。私はその起源を探ろうと、カーギュ派の本山に向かった。

それはネパールとブータンにはさまれた、シッキム州のガントックにあった。ヒマラヤ山脈の東に位置していて、インド最高峰のカンチェンジュンガが見える。そこからさらに24キロ行ったところに、カーギュ派の本山であるルムテック寺院があった。

眺めのいいところにある宿を取ってお茶を飲んでいると、ルムテック寺院から出てきた修行僧の一人がそばに座った。すぐに彼と仲良くなると、寺院に遊びに来いと招待してくれた。

この寺院はかなり開放的であった。ちょうどその頃、チベット仏教の新年の伝統行事があって、僧院の中庭で僧侶たちが多彩な衣装とお面をつけて、チャムといわれる宗教舞踊を踊っていた。

さて、肝心な修行はどうやっているのか、ちょっと寺院を覗いてみた。大きなホールがあって、大勢の修行僧たちがマントラを唱えていた。やはり修行のメインはマントラのようだった。迫力があった。

マントラの合間には楽器が奏でられた。「ガ」や「ダマル」と呼ばれる太鼓がリズムを

取り、「スイルニェン」と呼ばれるシンバルが勢いよく鳴らされ、チベット音楽のメインであるラッパの「ドゥンチェン」と「ギャリン」が体に振動するように聞こえてくる。これが幾度となく繰り返され、身体中に部屋中に音の振動が起きていた。こんな迫力のあるチベット音楽は初めて聴いた。

私が行っているチベタンパルシングヒーリングの特徴として、ワークに使う音楽はチベット音楽でも癒し系でもなく、テクノが主体である。その理由をディラージはこう話した。

「テクノを使うのは、その音が骨まで浸透していくからだ」

チベタンの理論として、人間の身体には4種類の電流が流れている。そしてその4

種類の電流すべてに働きかけるには、音が骨に到達しなければいけない。古代では、マントラを唱えることによりそれがなされた。でも、今はテクノロジーがある。音楽がマントラの代わりになっている。音を発するという緊張感がなくなり、ただ何もしないで脈を感じることに意識を向ければ身体は緩んでくる。正しい部位が圧迫されていれば、ずきんずきんと恐ろしいほどの強度の脈と、ものすごい熱が生じてくる。この熱が伝統的なチベット密教におけるイダーとピンガラのエネルギーの流れである。これが神経系に浸透していき、自分に属していないものを電気的に中和していきながら洗い流していく。ネガティブなものがポジティブなものに変容する。

その脈のリズムに音楽のリズムがシンクロしてくる。チベタンのワークは、必ず特定の臓器の回路に働きかけるので、ヒーリングするときにかける音楽はその臓器の周波数と一致している。

その2つのトーンが共鳴する。それはちょうどマントラを唱えるとき、全員が同じトーンで唱えた場合、オーバートーンという現象が起きる。これは音が量子的に飛躍して、空間全体がそれで満たされる現象である。

そしてこのトーン合一が起きてくると、肉体にオーバートーンが起きて、完全に音で満たされ、肉体の中にいるような感じがしなくなってくる。それはあたかも、自分という存在が、音の広がっていく空間の中に溶けていくような感じだ。

深い睡眠の中に入っていくように、次第に意識が薄れていき、身体もかなり緩んで、床の上に寝ていることも忘れてしまう。これがひょっとしたら、『チベットの死者の書』の中に書かれているバルドーなのかもしれない。

十字架の真意　Intension of the cross

２００２年の春に、しばらくアンティグアに滞在した。

アンティグアは、メキシコの南にある中米のグアテマラという国の、人口６万人の町である。ここはユネスコの世界遺産に登録された非常に美しい古都だ。

私はホテルの最上階にある、眺めのいい部屋を取った。朝目覚めて、ドアを開けると、そこには富士山に似たアグア火山の雄姿が見えた。ちょっと町に出ると、近くにメルカド（市場）があって、グアテマラ特有の地元料理が、非常に安い値段で食べられる。

町の中心には中央公園があって、高く吹き上げる噴水やインディオの人たちが観光客にお土産物を売っている光景が目に入る。のどかで平和なひと時をここで過ごすのが、私の日課となった。町を歩くと、コロニアル風の建物があちらこちらにあり、見ていて飽きることがない。爽やかな朝、そんな中を歩くのも楽しい。

３月末から４月にかけて、グアテマラ最大のお祭りであるセマナサンタ（イースター）がある。私は運よくその一部を見ることができた。

アグア火山

セマナサンタ　十字架を背負うイエス

セマナサンタのプロセッション

　これはキリストの復活を喜び祝う復活祭で、最大の見所はキリストの受難劇を描いたもの。神輿を担いで市内を練り歩くプロセッション（行進）である。プロセッションは教会から始まり、町の一定の区間を歩いて、再び教会に戻っていく。

　街中の道には花のじゅうたんが敷き詰められ、パンなどのお供え物がその上に置かれる。また、あるところでは、チベットの砂曼荼羅《すなまんだら》のようなものが学生たちによって描かれ、芸術的な光景があちらこちらで見られた。

　準備が整ったあと、いよいよプロセッションをする人々が教会から出てくる。先頭には紫色の頭巾をかぶった子どもたちがおり、御香の入った入れ物を振り回して町を清めている。これは、エストニアのナルバにある教会の中で目にしたものと同じであった。次にキリストのエルサレム入城から、最後の晩餐、処刑、復活を表現する行列が続く。

その中で特に私の目を引いたものは、イエスが十字架を背負っている神輿であった。イエスが十字架を背負って町を歩いている。人間も同じように目に見えない十字架を背負って人生を歩いている。プロセッションは教会から始まり教会に終わる。人間も同じように目に見えない教会から始まり、目に見えない教会に終わる。プロセッションは花のじゅうたんの中を通っていく。人間も同じように、花のじゅうたんのような人生を通っていく。プロセッションが通ったあと、花のじゅうたんは無残にも破壊されてしまった。人間の人生も同じようにはかない。同じままではあり得ない。それはある意味において幻影の世界である。

錯覚の世界である。創造が起きて破壊が起きる。また創造が起きて破壊が起きる。この繰り返しである。その進化の過程に私たちは存在する。

アンティグアでは毎年、このようにセマナサンタにプロセッションが最大のお祭りとして催され

十字架の神輿

る。でも一般人にはその真意があまり理解されていないようだ。なぜ、せっかく苦労して作った花の道や砂曼荼羅のようなものが、プロセッションによって即座に破壊されていくのか。

それは私たちの人生を非常に短い時間と空間に圧縮して演出し、演技された光景なのだ。シェークスピアいわく、「人生は舞台で、私たちはその役者である」。

2027年の突然変異　Mutations in 2027

ＯＳＨＯアシュラムで、気功をある先生から学んでいた。そんなある日、大阪から来た女の子が「もっとすごい呼吸法があるのを知ってる？」と声をかけてきた。それがバイオスパークだった。

「気で人が吹っ飛ぶ」それが果たして本当なのか？

それを確かめるために東京、渋谷にある西野流呼吸法の道場を訪れた。１９８９年の夏であった。

当時は西野先生自らが前に立って、呼吸法の指導をしていた。そして指導も後半になり、いよいよ対氣となった。本当は10回以上通わなければ、西野先生と直に対氣はできなかったが、そんなことはおかまいなく、いきなり先生の列に並んだ。

隣にいた指導員が私に気づき、何か言おうとしたが、それを無視して西野先生に突進していった。が、何も起こらなかった。

しばらくそのままの状態が続いた。ところがある日、浜松から知り合いが西野道場に偶然やってきた。私は彼の顔を見て嬉しくなった。その後、西野先生に初めて吹っ飛ばされた。体の中で何かが爆発したような感じだった。

ここでなぜバイオスパークの話をするのかというと、それが２０２７年に人間の種に起きる突然変異と関係があると思うからだ。

ヒューマンデザインシステム（個々が持つニュートリノの膨大な情報を生年月日と生まれた場所、時間を元に分析し、素質や才能、自分の役割などを客観的に理解できるシステム）の創設者ラー・ウル・フー（カナダ人物理学者で、ヒューマンデザインを研究し、システム化した人物）によると、２０２７年に地球規模で突然変異が起きるという。別に何かが急激に変化するという意味ではない。

人類は進化をし続けている存在である。人間にはもともと、生存のための気づきがあった。次に頭脳が進化し始めてくる。ちょうど今がそのピークにあたる。そして、今度の進化は第三の気づきのセンターに起きる。それは太陽神軽叢センターと呼ばれ、感情と関係する中枢である。今現在までの感情の機能は、ほとんどエネルギーを生じさせるものであった。我々の世代はほとんど感情的な気づきを経験していない。なぜなら、その気づきは自分の中ではなく、外で起きるというのだ。ところが今度の突然変異で、その気づきが人間の内側に起こり始めるらしい。

西野先生自らも１９９０年代の講義の中で、今から30年後に気の時代がやってくると公言された。それが２０２７年の突然変異と何か関係があるのだろうか?

『西野流「気」の極意』（西野皓三　講談社）の中で、このように書かれている。

生命40億年の歴史の中で、えら呼吸から肺呼吸への変化が、画期的な生物の飛躍をもたらしたのなら、今、その呼吸を改善することができれば、個々の人間が潜在能力を開発でき、人類の歴史は大きく変わるのではなかろうか。現在、人類がさまざまな問題を抱えているにもかかわらず、21世紀の世界は悲観的な予想をはるかに超えて、豊かさと幸福をもたらしてくれるに違いない。

ヨーロッパでは、イオニアに自然学が生命の原理とした〝プシュケ（Psyche）〟という言葉がある。ホメロスが「アポフシュコ（息を吐く）」という表現を使っていることからもわかるように、〝プシュケ〟とは、もともと〝呼吸〟をあらわし、さらに、「霊魂」「心」という意味ももった。ヨーロッパにおいても〝呼吸（プシュケ）〟は肉体の内部で生まれながら、肉体を越えた宇宙の力と結びついているのだ。

人間は広大な宇宙のなかで、宇宙のエネルギーを呼吸して生きている。宇宙がなければ人間の生命はありえない。正確には、人間は〝生かされている〟といったほうがいい。その宇宙のエネルギーを吸収することを〝呼吸〟というのだ。

今まで気が丹田だけに関係していると思っていたが、呼吸そのものは太陽神経叢の方と関わりが強い。

前述にもあるように、呼吸であるプシュケは霊魂という意味も持っている。

感情はスピリット意識である。そしてスピリットは気炎とか霊魂の意味を持つ。呼吸は感情と深く関わっているわけだ。

実際、わくわくしてくると呼吸が激しくなる。何か感情的な気持ちを抑圧しようとすると、呼吸は止まるようになる。感情はこのように呼吸により制御されているのが見えてくる。

次に、この気づきは人体の外で起きるとされる。

〝呼吸（プシュケ）〟は肉体の内部で生まれながら、肉体を越えた宇宙の力と結びついている。

西野先生は、いつも指一本触れないで、私を飛ばしたものである。西野先生に向かってある一定の距離まで近づくと、身体の細胞が活性化してきて、そのままの状態でいられなくなる。そうすると、丹田のほうから爆発のようなものが起きて、あっという間に体が2、3メートル吹っ飛んでしまうわけだ。

爆発といっても、体にダメージが加わるわけではない。逆に、身体中の細胞が活性化されて、官能の境地に達する。その後、5分くらい動けないほど、気持ちのいい衝撃が続く。

量子論では、人間の細胞を構成している素粒子は振動するエネルギーでできているという。だから強力なエネルギーを受けるとその振動が同調増幅され、さまざまな動きが起きるのは不思議なことではない。

このように、2027年に起こる感情の突然変異は人間の呼吸と大いに関係する。そして、この指一本触れないで飛ばす大氣が、次の突然変異の鍵を握っているように思われる。

アカムパとカムパ　過去世退行の旅？　A Journey into the past life?

１９８８年に初めてインドを訪れた時、ＯＳＨＯのアシュラムへ訪れた。当初は３か月の予定で滞在するはずであったが、滞在を４か月も延ばしてしまった。ちょうど、サターンリターン（占星術用語で土星回帰）の訪れる、人生の転換期の時期であった。

そこで行われている瞑想や数々の西洋セラピーは新鮮で、自分の成長にとって欠かせないものであると、心のどこかで感じていたに違いない。ＯＳＨＯは基本的に１日に１回、夜の講和の時間にしか私たちの前に現われなかったが、彼の存在は計り知れないほど私の人生に影響を及ぼしていった。

その滞在の間に、私はＯＳＨＯの弟子にしてもらう決意をして、彼から名前をもらうことにした。その名前が〝アカムパ〟であった。実を言うと、最初の頃はその名前に対して歯がゆい感じがあった。そのサンスクリット語の意味は〝動じない〟だ。実際、私はほかの人から見ると、あまり物事に動じないように見えるらしい。そのとき私にあだ名がつけられて、鉄仮面などと呼ばれていた。しかし、私の内側やマインドはいつも揺らいでいた。

しばらく経って、やっとその名前の真意を理解できるようになった。

また、中国がチベットを侵略したとき、ダライラマの護衛をした部族がいた。その戦士の血を受け継いだ人たちが、カムパだとわかった。

参考のために、中国がチベットを支配した時が１９５９年で、私が生まれたのは１９６０年であった。私の顔つきや体格はどうも日本人離れしていて、ペルーやネパール、アメリカに行ったときなど、原住民に勘違いされることが多かった。

またある外国人からは、「君はカムの人にすごく似ている」と言われたことがある。カムとは東チベットの名称で、そこに住んでいる原住民の男をカムパと呼ぶ。いつかそこに行ってみたいと思うようになった。

そんなあるとき、２００２年に東チベットへ旅する機会があった。ある宿の食堂でお茶を飲みながら英語で話をしていたら、前にいたチベット人から、「おっ、てっきり君はカムパだと思った」と驚かれた。

左がカムパで右が私、アカムパ

2003年の夏には、念願のラサに旅することができた。そこでも私はチベット人だった。ジョカン（大昭寺）の近くに、いつも現地チャイを出す大衆食堂があって、いつも現地の人で混んでいたが、そこにほかの日本人旅行者たちと入って席に座ると、まわりが不思議そうに私を見つめていた。着ている服さえ現地調達すれば、完全にチベット人になれる。

最後にOSHOが語る輪廻を記して、この旅を締めくくりたい。

この輪廻の思想全体は誤った理解に基づいている。誰かが死んだとき、その人の存在が「全体」の一部になるというのは本当だ。彼が罪人だったとしても、聖者だったとしても関係ない。人には心や記憶と呼ばれているものがある。過去には、記憶というものをひと塊の思考や思考波として説明するための情報が欠けていた。しかし、今は容易にそれが手に入る。

ある人が死ぬとき、その人は自分の記憶を周りの空気の中に残していく。その人が惨めだったら、そのすべての惨めさがしかるべき場所を見出し、その惨めな人の記憶システムの中に入り込む。全体がひとつの子宮に入るということもありうる――、そうやって誰かが過去を思いだす。それは自分の過去ではない。あなたが受け継いだ、誰かほかの人のマインドなのだ。

大部分の人は思い出さないが、それは彼らがその魂全体、一人の個人の記憶システムの全遺産を受け継いでいないからだ。誰もがあちこちから断片を集めており、それらの断片が人びとの中に惨めさのシステムを作りだす。これまでこの地球上で死んできたあらゆる人たちは、惨めさの中で死んでいき、喜びのうちに死んだ者はごくわずかだった。

光明を得ていない人びとが死ぬときは必ず、そのあらゆる類の惨めさのパターンが撒き散らされる。豊かさがよりいっそうの豊かさを招くように、惨めさはさらに多くの惨めさを招き寄せる。あなたが惨めなら、あなたのもとに何マイルも彼方から惨めさが飛来する――あなたはちょうどいい乗りものになる。しかも、これはラジオの電波のように、いっさい目には見えない現象だ。ラジオの電波は、あなたの周りに飛来しているのに、何ひとつ聞くことはできないが、それを受信できる適当な機器さえ手に入れば、ただちにそれは聞こえてくる。が、ラジオが手に入る前から、すでにその電波はあなたの周りに来ているのだから。

転生というものはないが、惨めさは転生する。何百万の人びとの精神的傷痕が、あなた方のまわりを飛びまわっている。そうやって惨めになりたい人を捜し求めている。

人生とは果てしなく長い旅だ

人のマインドの中には、あらゆる惨めさや傷痕がある。それはどんどん新たな傷痕を生みだし続けているから、あなたに自覚が生まれてこない限り、あなたはマインドがどうやってそれらの傷痕を作り出しているのかすら気づくことはできない。

（ラジニーシタイムズインターナショナル日本版　14号より）

チベットに行ったら、自分の過去世を知るきっかけや糸口が見つかるかもしれないと期待していたが、何もなかった。ＯＳＨＯが語っているとおり、それは私のマインドの中にあるほかの人から受け継いだ過去だったのかもしれない。本当の自分が見つかるまで、このマインドトリップは続くだろう。

タオス

アメリカのニューメキシコ州にあるタオスの町は、サンタフェからさらに東に位置している。さらに郊外に行くと、多くのアーティストが住んでいて、画廊も多い。赤土でできた建物はなぜか安心感がある。

ここにはヒューマンデザインシステムを学ぶために来たのだが、それでもふらっと来るには素敵なところだ。

乾燥していて背後に山があり、空気もすがすがしい。都会ではないが、アメリカのど田舎でもなく、住みやすい感じだ。ここで一軒家を一人のアメリカ人とシェアしていた。10日ほどの滞在だったが最高に楽しかった。

タオスの街中

町の中の変わった光景

見ているだけでも辛そう！

赤土でできた建物

赤土の建物と大自然

非常に芸術的なタオスの夕暮れ

エンジェルとUFO　日本とコロラド　ピーター・マンデリカ博士とリーさん、そして太母さん

ピーター・マンデリカ博士は、大学でＵＦＯの研究を進めてきたちょっと変わった学者だ。さすがアメリカ、ＵＦＯで博士号が取得できるとは。

彼の説によると、宇宙人が人間に影響を及ぼす方法として一番強力なのは「ウォークイン」と呼ばれる現象。これは宇宙人が生身の人間の身体に進入してくるものらしい。まるで、エキソシストやエイリアンみたいで気持ち悪そうだが、宇宙人の魂だけが入ってくるから、ロボットでいうところの、操縦室に宇宙人が入り込むようなものだ。

なぜこのような現象が起きるのかというと、進化した宇宙人が地球人を助けるために入るのだそうで、これだったら、入られても文句は言えない。でも、悪い宇宙人もいるらしいから、それに入ってこられたらたまったものではない。

えっ、じゃあ、ひょっとしたら、マンデリカ博士も宇宙人にウォークインされているのでは？　と、少しだけ疑いのまなざしを向けて、こちらも進入されないように気をつけながら、しばし東京での時間を一緒に過ごした。しかし、彼は非常に気さくで、学者とは思

えないほどフレンドリーな雰囲気の人だった。その後、しばらくコンタクトを取っていないが、いったいどうしているのだろうか？　宇宙に帰ってしまったのかな。

パンタ笛吹きさんの本の中に登場する人物で、チャネラーのリーさんのことがすごく気になっていた。ボルダー（アメリカ　コロラド州）にあるパンタさんのところに遊びに行った時、リーさんの連絡先を聞いて、チャネリングのセッションを受けることになった。もう、５、６年前の話だ。

リーさんもボルダーに住んでいて、お家の外観もインテリアも、リーさん同様いたってかわいらしい。ソファーに腰を下ろして、リラックスした状態で早速リーディングが始まった。リーさんのお声は、まるで天使のお告げのようにやさしくて、うっとりしてしまうほどだ。

まず、私の今生における役割や、将来に現われるパートナーのことなどを話してくれて、非常に希望を与えてくれた。その後、私の質問に応えてくれ、私が関わった何人かの人物について教えてくれた。なかなか的確で、スピリットでしかわからないような答えで感動した。

在りし日の太母さん

特に、私がヒューマンデザインシステムで習った「選択の自由がない」という事実が正しいかどうか、私たちには自由意志があるのかないのかという質問に対しての答えは、納得できるものだった。

まあ、簡単に言うと、自由意志もデザインの一部にあるということ。これで私の既成概念に衝撃が与えられて、新しいものの見方をするようになったのだ。

リーさんのリーディングがあまりに素晴らしかったので、日本に来てセッションをしないかともちかけたところ、彼女は興味を示してくれた。

帰国して、私の京都の知り合いの太母《たも》さんにこの話を持ちかけたところ、ぜひやってみたいと話がまとまり、実現した。そして、非常に多くの方がこのリーさんのセッションを

太母さんのおうちで

受けてくれたので、私は嬉しくて感激した。
リーさん、お疲れさまでした。

セドナを歩む　セドナ秘境スポットの案内

私が最初にセドナを訪れたのは、１９９５年だったかと思う。それから２０００年まで、ほぼ毎年1回必ずセドナを訪れた。

２０００年の春には、ヒューマンデザインシステムのトレーニングをラー・ウル・フーから受けるために、セドナに3か月滞在した。

滞在中、一般の観光客やセドナの住民もほとんど行かないような数多くの秘境スポットを訪れた。

ここ数年の間、ニューエイジの人々の間でセドナがかなり人気の高いスポットになってきたが、たいてい、私が訪れるような場所には行か

キャセドラルロック

紅葉の中のキャセドラルロック

セドナ

ないようだ。このような珍しい場所がセドナにあることを皆さんに知ってほしいと思う。

でも、くれぐれも観光気分で行かないように。ここは聖地なので、自分の内面を見つめ、過去の浄化や世界の平和の祈願、また自分の人生の幸せのためでもいい、そういったスピリチュアルな目的のために訪れてもらいたい。

安易な観光気分で行くと、この強力な聖なるエネルギーに圧倒されて怪我をすることもあるので、気をつけるように。

沖縄の聖地を訪れたときに言われたのが、このような聖地には数多くのスピリットが存在しているので、自分の気の持ちようで大変な目に遭うことも考えられるということだ。できれば、スピリチュアル的な水先案内人のような人に、まず案内してもらうほうがいい。

ここに紹介するスポットは安易に行けるようなところではなく、崖をよじ登ったり、藪の中を駆け抜けたりするところもあるので、熟達した登山者の人ならまず問題ないが、そのような経験をしたことがない人は、道に迷わないためにも必ず案内人に連れていってもらうように。また聖地はできるだけ少人数で訪れ、常識に基づいて行動して、自然を傷つけないようにしよう。

▼キャセドラルロック

ここはなんと言ってもセドナの顔。キャセドラルとは大聖堂の意味。ここを背景にして、ふもとにある小川の近くで結婚式を挙げるカップルが多い。写真の真ん中にある尖った岩に登れるルートがあって、頂上から見下ろす風景は最高。

キャセドラルロック

ある時、セーフウェイという大型スーパーで出会った、日本人の若者4人のグループをここに案内したことがある。彼らは、偶然にも私のことを知っていた。夕陽を見ようと頂上に留まっていたのはいいが、その日は新月だったので、下り始めて1時間ほど経つと、あたりは真っ暗になり、先が全然見えなくなってしまった。

これは失敗したと感じたが、時すでに遅し。闇と藪の中を手探りしながら、2時間以上かけてゆっくりと下り、やっと家の明かりが見えたのでそちらに向かって進んだ。みんな動揺していたが、お互いを励ましあいながら、無事、車のところまで戻ってこられた。ごめんねと謝ったが、貴重な体験をしたと逆に感謝されてしまった。

中央に見えるのがベルロック

▼ベルロック

フェニックスから車で行くと、途中で見えるのが中央後方にあるベルロック。2000年にはベルロックが真正面に見える家に住んでいた。このベルロックにも登れる。しかし、ここはちょっと危険。滑り落ちて死ぬ人がたまにいるらしい。

一度、友達数人とここに登ろうとしたが、結局、頂上までは一人しか登れなかった。その一人は頂上に立つと腰を抜かしてしまった。これは大変と思い、なんとか恐怖を取り除いてあげ、写真を一緒に撮ることができた。下山する時は、スキーを滑るようにして降りていくと爽快。でも、まわりで見ていた人たちは唖然。

そして、セドナからベルロックを写真のように見渡せる秘境ルートを発見。ここは

後方左にベルロック

ほとんど誰も来ることがない、超お勧めのルート。

デビルズキッチン

▼デビルズキッチン

これは「悪魔の台所」という意味。比較的行きやすい場所にあるが、日本人のツアー客はほとんど訪れていない。しかし、ここは安全柵やロープが張られていないので、その深さには圧倒される。地盤沈下でできたらしく、ナイフで切られたように直角の角度で大地がずり落ちている。その中にはその後生えてきた木が一本茂っている。ぜひ、見ておきたい場所のひとつ。

デビルズキッチン

▼レイチェルズノール

レイチェルの円丘という意味。ここはニューエイジのツアーがよく訪れて、瞑想とかを行う聖なるスポット。しかし、ここは個人所有の土地。それを一般に開放しているのが珍しい。丘の上には人為的に小石で円が作られていて、その周りでみんな瞑想をする。

レイチェルズノール

▼イーグルズロック

ここはセドナの町の背景になっている岩山群の中のひとつ。アメリカ人はこれをコーヒーポットロックと呼んでいるが、アメリカインディアンの間ではイーグルロックと呼ばれている。ある時期、このイーグルロックの近くに住んでいたことがあったので、ちょくちょく中腹まで散歩して、そこで瞑想した。そこに眺めのいいスポットがある。以前、霊能者からあなたにはイーグルがついていると言われたので、このイーグルロックを私の守護岩とさせてもらった。いつか、イーグルの頭の上に登らせてもらって、そこで瞑想をしたいものだ。行きやすいのだが、ほとんどの人がここに来たことがなく、いつも一人の時間と空間を満悦した。

イーグルズロック

イーグルズロック

▼デビルズブリッジ

セドナにある最も印象的で最大のアーチ。この橋は渡ることができるが、スリル満点。ここから冒険できるトレイル（自然道）が出ている。

デビルズブリッジ

カウパイ

▼カウパイ

どうもこれはおかしな名前だ。アメリカ人はおかしな発想をするもので、どこのどれが牛肉パイのように見えるのだろう？　よっぽどお腹が空いていた人が名づけたのかも。ここもあまり人が来ない秘境スポットのひとつ。ぜひ、ここで瞑想してほしい。

カウパイ

洞窟から外を眺める

▼ピラミッドピーク

ここは途中でトレイルが消えてしまって、急なところを登らないと行けない場所だが、登ってみると眺めは最高。しかし、どこにもピラミッドがないのにピラミッドピークとは、一杯食わされた感じ。陥没したような岩の形が印象的。近くにアメリカインディアンの廃墟がある。

しかし、２００８年に再び訪れた時、この山自体がピラミッドの形をしていたことにやっと気づく。

ピラミッドピーク

▼ウィルソンキャニオン

たしか、ここはウィルソンキャニオンだったと思う。右手後方にイーグルロックの側面が見える。たまにはこういうふうにおどけて、神々を喜ばせてあげるのもいいかも。

ウィルソンキャニオン

バリー

▼バリー

彼は70歳を超えている。しかし、山登りに関しては、私は彼にはとてもかなわない。どこからこんな気力が溢れてくるのか不思議。やはり、パワースポットの中に住んでいると超元気になれるのかも。また、彼の弾く即興ピアノはすごすぎる。全然、習ったことがないのに、自然と指が動くのだそうだ。

サボテンの花

▼サボテンの花

春になると、サボテンの花が咲く。ピンクや黄色など色とりどり。ハイキング仲間でこの花を摘んで食べる人もいる。でも、くれぐれもトゲにご注意を。またサボテン自体もステーキのように食べるそうな。スーパーでよく売られているらしいが、私は食べたことがない。いったいどうやって食べるのでしょう?

▼アネゴ

生まれも育ちも横浜だけれど、半分ドイツ人の血が混じっている。セドナが気に入ってそこに住み、日本雑貨店の経営をしている。今は引っ越しをして、セーフウェイでお店を開いているらしい。粋で人の面倒をよく見てくれる、気さくなアネゴ。

大の愛犬家で、犬が虐待されていると聞くと、超怒る犬の味方。昔、ブルドッグを2匹飼っていたが、そのお母さんのほうに私はかなり気に入られていて、夜ベッドを共にしたこともあった。アネゴに気に入られるには犬好きでないとね。

セドナ後記

セドナやセドナ近郊には100近い秘境スポットがあり、私はその半分くらいを制覇した。しかし、ちょうど2000年から入場料として駐車料金を徴収したり、聖地なるところの岩を削って家を建てるなど、自然が破壊されているそうな。

今では観光地化がかなり進んでいて、昔は3つしかなかったセドナのメインロードにはたくさんの信号があるそうだ。

なんでもそうだけれど、あの時はよかったと言ってしまうような、時代の流れというものを感じてしまう。

どこでも行けるうちに行っておいて、その場のエネルギーに触れてみるのがいい。

植村直己　シアトル　1979年

高校を卒業して、私はすぐに渡米した。私の代から大学入試に共通一次試験が採用されるようになった。このまま日本の大学に進んで就職する人生に、半ば不信感を抱いていた。私の真実はなんなのだろう？　それに忠実に生きていくことが大事なのではないだろうか？そのときの私の真実は、アメリカという国に住んでみたいという願望だった。高校生のとき、よくテレビの「ハッピーデイズ」を見ていて、アメリカはクールな国だと感じていた。名古屋の実家近くにある、留学を斡旋する国際センターから、シアトルの語学学校ＥＬＬＣを薦められて入学する運びとなった。アメリカの大学に進学する準備のためだ。

ＥＬＬＣは、シアトルの北にあった。私は最初、ベルビューという新興住宅地にある家のホームステイを頼んだ。その家は湖のほとりにあって、ヨットとかがあるリッチな家庭で、そこの旦那とよくテニスをした。しかし、彼らの息子のベビーシッターをするという交換条件のもとに滞在を認められた。自分がいまだに自分の面倒を見られないのに、そんな子どもの面倒をおいらがどうして見られるのかと思ったが、やっぱり見られなかった。

1979年シアトルの友人宅で植村直己氏のお話を聞く会
中央右にいるのが在りし日の植村氏。若き日の運命の旅人は左端

しかし、飛行機の中で仲良くなったキャビンアテンダントから、それだったらうちにおいでと運よく誘われて、早速、彼女の家に引っ越し。そこからＥＬＬＣに通う毎日となった。

高校のとき、数学と英語だけはなんとか頑張って、成績はかなりよかったので、英語自体にあまり問題はなく、あとは発音をブラッシュアップすることだけだった。それで上級クラスに入れられ、数人の日本人とインド人、イラン人と同じクラスだった。この学校は中近東の金持ちが多く、スポーツカーで通学するリッチな奴もいた。

そしてあるとき、探検家の植村さんがこの学校を訪れたのだ。１９７９年の春だった。彼は英語を上達させるために、この学校で勉強することに決めたらしい。しかし、あいにく同じ上級クラスではなかった。

　でもある日、学校の食堂で彼と話す機会があった。何を話したのか今では忘れてしまったが、少なくとも人生で偉大な快挙をとげた人物と出会えたことに感動した。あのとき、私が世界中を旅することをはっきりわかっていたのなら、彼に弟子入りを志願していたと思う。今から考えると非常に悔いが残る。その当時は、こんなに旅をするとは考えてもいなかった。彼に冒険のノウハウを少しでも伝授してもらえていたら、もっとスリリングな旅をしていただろう。

　そしてある日、ＥＬＬＣの友人のハウスで、植村さんのお話を聴く会が催された。今写真を見てみると、植村さんの隣に座っていたんだと感激！

　今思えば、なんと光栄な時間を自分は過ごしていたのだろう！

　ひょっとしたら、このときから植村さんの魂に導かれていたのではないかと思ったりして。偉大な人物ほど、本当に普通の人なのだ。

植村さんの隣に座る（左）

写真提供はELLCの日本人生徒のおひとり。お名前は忘れてしまった

第二部　国内編

霊道街道を行く　1　福岡　宮崎　熊本　龍神

▼その1「旅は福岡から始まった」2005年7月6日

福岡のスピリチュアルフレンズからのお誘いで、熊本や宮崎の霊道街道を旅しようということになった。そしてCさんの家から彼女の車で、6日の朝に出発することになった。ほかにSさんと私の計3名の珍霊道中が、これから始まる。さて、この霊道の行く手にはいったい何が待っているのだろうか？　と、行く前からわくわくどきどきする。

天気予報によると、あいにくその日は雨だったが、なんと、雨は降らず曇りだ。前日の福岡は大雨だったので、これは幸先よいと、もっとわくわくどきどき。そして旅が始まった。

2時間ほどしてお昼時になると、運転中のCさんが山道を通るか、それとも素早く行ける道を選ぶかどうするると聞いてきた。私はお腹が空いていたので、このへんにどこか土地のご馳走が食えるところはないかと尋ねると、Sさんがあるあると答える。

だが、Cさんは素早く目的地に着きたいらしく、コンビニでぱっと何かを買って、車の中で食べながら行こうとサジェスト。しかし、旅はまず土地のものを食べてからじゃあないのと、私の意見にSさんも大賛成。

結局、おいしいものを食べてからということになった。おいしいものを、おいしくいただくのもスピリチュアル。

ということで来たのが、なんと全国的に有名な「オーガニック農園」だ。私は全然知らなかったが、中に入ると団体さんがたくさんいて超満員。しばらく待ってくださいと係の人に言われて、外をぶらぶら。帰ってきたらちょうど席が空いたので、早速、農家家庭料理バイキングをたらふく味わうことになった。窓の外には川が流れていて、眺めも最高。お腹いっぱいになって、これでなんでもこいという感じになった。

最初に訪れた霊道街道の神社は、「高千穂神社」だった。

着いたら、なんといい天気！　そこの神主さんらしき人が言うには、2時間くらい前は、雨が降っていたということだった。やはり、霊道街道の旅には、こういったシンクロがないとそうは言えない。

Cさんによると、宇宙エネルギーは弊立神宮にかつて降りてきたようだが、今はこの高千穂のほうにシフトしたということだった。だから、ここにまず参拝に来たのだと言う。

何もわからない私は、フンフンとわけもわからず感動。ちょっとあたりを一巡して、そ

高千穂神社

れから次の目的地に。霊道街道の旅はせわしい。

次に来たのが、高千穂からそんなに遠くないところにある天岩戸神社で、ここは天照大御神を祭る神秘的なスポットだ。伊勢神宮とどう違うのか、いまいちよくわからないが、神主さんに頼めば、ご神体を拝ませてくれる。今までご神体を拝んだことはなかったので、これはすごいと思って、期待をふくらませて西宮の奥に案内される。なんか、ＶＩＰ気分だ。

さて、ご神体の正体は？　案内の方がご親切に説明してくれて、岩戸川の向こうの洞窟っぽいところを指差して、あれがご神体ですとその正体を明かしてくれた。

天安河原に行く途中

　ふむ、洞窟がご神体だったのかと、あっさりと納得した。そういえば、このあとに続く中国の旅で、結構洞窟に入る機会が多かったのも、無意識のレベルでこのお話を聞いたからだったのかもしれない。洞窟に入ることは、ご神体の中に入ることなのだからね。非常に聖なる探求だ。

　また、西本宮から道路にいったん出ると、すぐに川に下っていく小道がある。10分ほど歩いたら、天安河原という洞窟に行き着く。ここは岩戸に隠れた天照大御神を引き出すため、神々が集まって相談したといわれている場所である。

　しかし、暗くて不気味。洞窟内には参拝者が願をかけるため、ケルン状に積んだ石塔がずらりと並んでいて、ちょっと

天安河原

気味悪い。こういうところを見ると、私もデジカメでパチリとやってしまう。

　ところが、また出てきた不思議なぼやけ白玉軍団。

　イエメンのサユーンで、夜、このデジカメで王宮の写真を撮ったところ、同じようなぼやけ白玉軍団が出現した。これはフラッシュをたいたことからできた反射かなと思っていた。しかし、しばらく見ていると、ちょっと不気味さが漂う。

　帰国して、東欧やアラビア半島で撮ったデジカメ写真をパソコンに取り込み、CDに全て焼いて、パソコンの画像を消去して、いざCDを取り出そうとしたところ、なぜかわからないがCDの画像を削除してしまった。時、すでに遅し。

　なんていうことをしてしまったんだと

悔やんだが、これはどうやらあの白玉軍団の仕業かと、すぐにほかのせいにしてしまう。

この白玉軍団をCさんに見せると、これらは不成仏霊だという。なんか、自分にわからないことはすぐに納得してしまうのだ。

家に帰って、その白玉軍団のひとつをパソコンで拡大してみると、なんかクラゲのようだ。中には細胞核のようなものがちゃんとある。不成仏霊も単細胞のようなものなんだと感心する。Cさんはすぐに削除しなさいと言う。おっと、またイエメンの二の舞はごめんだと、今回はちゃんと削除した。ここにその証拠写真をお見せできないのは残念だが、被害が広がらないようにしないとね。

帰りにどこかの温泉に寄っていこうということになったが、来る時に見かけた小山が気になってしょうがない。一見、聖なる小山のようだ。しばらくすると、左手に発見。私はそこに登ってから温泉に入ってみてはどうでしょうと提案し、登ることになった。

だが、そこに行く道がよくわからない。その辺をうろついていると、いきなり牛が滑走してくる。おっ、なんかインドにいるような感じ。こんなに速く走る牛は見たことがない。それを追いかけるようにして飼い主が現われた。まるで、十牛図のひとコマを見ているようだ。

牛の飼い主さんに、あの小山はどうやって登るのですかと聞いたら、あそこにある小道を左へ曲がるだべさと教えてくれた。ちょっと、迷いながら、畑仕事をしていた人にも聞いて、なんとか小山の頂上に辿りつけた。

頂上にはお稲荷さんが祀ってある。ここから味わう田園風景は３６０度の大パノラマだ。

霊的に繊細なＣさんは、白玉軍団の迫力写真にちょっとダウンしていたけれど、ここに着いたらひと安心。Ｓさんもこの磁場に感動して、私たちは今日のハイライトをここに決定。一番長く時間を過ごした。本当に気持ちがいいところだ。よかった。よかった。

道から見えた不思議な小山

小山からの眺望

小山からの大パノラマ

▼その2「白玉軍団来襲か？　UFOか？」弊立神宮と阿蘇山へ　2005年7月7日

朝、メールを見ていると、東京にいるスピリチュアルフレンドから、熊本にいるのなら弊立神宮にも行ったらとサジェストされた。九州に無知な私は、Cさんに弊立も面白そうだけどと相談したら、じゃあ、今日は阿蘇山と弊立神宮に行ってみようということになった。両方とも近接しているらしい。

不思議と今日もいい天気だ。恵まれている。すがすがしい檜の木々が高くそびえる小道をしばらく進んでいくと、右手に弊立神宮がそびえたつ。

その境内にあった資料に、次のような質問があった。

伊勢神宮も弊立神宮も、天照大御神がお祀りされていますが、その違いは何でしょうか。

春木宮司：天照大御神のお祀りのあり方には、三つの態様があります。

檜に囲まれた弊立神宮

天照大御神が直接お祀りされているのが、ここ（弊立神宮）なのです。天照大御神が若いオオヒルメの命として天岩戸にお篭もりになったお姿をお祀りしてあるのが天岩戸神社。天孫降臨に際して高天原（弊立神宮）から高千穂の二上の峰にお降りになる時に一つの鏡をお授けになります。その時のお言葉があります。

吾　汝の尊に　八咫の鏡を授く
この鏡を見ること　吾を見る如くせよ
我の現御霊　是に移りて　皇御国を治さね
同殿に斎きて　吾を祀る可し、と

「高天原縁起」より

このお言葉に従ってお祀りされているお鏡と共にある神様が、伊勢神宮の天照大御神であるわけです。それぞれ大事な意義の深い、それぞれの意味のある御祭神です。神社には重要な御神体として鏡が祀られています。この鏡のわけは

この鏡を見ること　吾を見る如くせよ
同殿に斎きて　吾を祀る可し

この言葉に原点があります。

この鏡は、宗教的には自己教育の原理を説いたものです。神社の拝殿に額づいて祈るということは「鏡に自分の心を映して自分を常に見直しなさい」「自分を自分で教育しなさい」ということです。そして、自分を教育する鏡（モデル）に神様として祀られている御祭神の生き方があるのです。神様は私を教育する自己教育の鏡であり、また守っていただく守護神なのです。

だから、学んだ人ほど高いレベルで成長していくわけです。自分自身の心の有り様がいわば教えなのです。本来の日本では神社に結び、学ぶ人ほど人格が高くなっていくはずなのです。

この鏡をお渡しになった所がここ（弊立神宮）なのです。ここはもともと太古、天の神が御降臨になった聖なる地です。この弊立の森が神の降臨の地なのです。ですから弊立とはヒモロギを意味するわけです。ここに集うということは、「天照大御神様から、心の鏡を直接頂く」ということになり、自分の中に弊を立てる、要するに「自分の中にしっかりとしたものを持つ」……分かりやすい言葉で言えば、「志を立てる」ということです。幣を立てないままいろいろやっても対症療法になるだけで、本質的解決はなかなか望めません。

まず、自己のなかに確たる「志を立てよ」、「鏡を持て」と教示していただいているように理解しています。

「高天原・日の宮」幣立神宮　賀来由里

こういう説明文があって初めて、神社の深い役割に気がつき、それが自己の魂の成長に繋がっていくことを理解できた。本当にここに来てよかった。

さて、志を立てて阿蘇山に向かうことになった。火山はまさにヴォルテックスだ。またわくわくしてきた。

くにゃくにゃと道を登っていき、あたりは火山地帯の地形になってきた。日もだいぶ沈みかけている。6時はまわっている。レストハウスに車を止めるも、誰もいない。もうクローズしてしまったのか。本当に誰一人としていない。警備員もいない。どうなっているのだろうとうろうろするが、火口に上っていく道はすでに閉ざされており、ロープウェイも止まっている。しかたがないので、世界最大のカルデラである中岳火口に歩いていくことにした。

歩行通路に沿って、ゴロゴロと岩が転がる風景の中を私とCさんは歩いていく。危険地帯を避難しているような感じ。でも、絶景だ。日は沈みかけていて、あたりは赤みがかっている。結構、火口まで長い距離だ。ところどころに防空壕のような建物がある。いきなり噴火したときに備えての避難所らしい。ちょっと身震いしてきたが、それでも火口めがけて闊歩する。

やっと辿りついて、恐る恐る火口を覗くと、白煙がもうもうと上がっている。火口の底は緑色をした湖。白煙を吐く火口を見ていると、地球は生きているんだと実感。しばし我を忘れて、見とれてしまった。

やっとのことでCさんが登ってきた。それからしばらくすると、なんか硫黄の臭いがぷんぷんしてきた。風向きが変わったのかなと最初は思ったが、あたり一面がガスに包まれる感じになってきた。やばい！　とサバイバル本能が反応して、急いで下山する。目がちかちかしてきた。火口から離れてもガスの臭いから逃れら

ド迫力の火口

れない。こんなところで倒れてはと2人で猛ダッシュするが、車までの道のりは遠い。

これは、先日削除した不成仏霊の白玉軍団の仕業かと、またもやほかのせいにする。天照大御神よ、お守り給えとお祈りする。ほかのせいにするうちは見捨てられてしまうかな。しかし、こういう難事がないと、なかなか人は変わらないものだ。なんとか無事に車にたどり着けて、急いで火口からさらに離れた。しかし、ガス攻撃はかなり強力で、私は痰を吐いて肺を浄化する。Cさんはよろよろになる。

帰り道はすでに暗くなっていた。途中で外を見ると、何か奇怪な物体が空を飛んでいた。私はCさんに車を止めるように頼んで外に出てみた。

最初は飛行機かと思ったが違うようだ。星か、いいや違う。チカチカして、不規則上下運動を繰り返していたのがひとつ見えたが、そのうち別の二つが右側のほうに現われた。そしていきなり、それら三つが光線を放ち合って繋がる。「なんだこれは!」Cさんは無言のままだ。以前、セドナでやはり友達とこのような光景を見た。その時は三つではなく、二つが光線を放ち合っていたが……。果たしてこの正体はUFOなのか?

▼その3　「再びUFO基地へ?」押戸石の丘

初日の夜、宿に着くなりCさんが、「さあ、UFOを見に行きましょう」と言った。寝ようと思っていた私と、このためにわざわざ車で福岡から駆けつけてきたSさんとXさんの4人で、マニアの間でUFO基地とされている押戸石に行くことになった。目的地は宿から30分の距離にあるらしい。

Cさんは押戸石でよく瞑想会を開いているらしく、その辺りの地理に詳しい。舗装された道からいきなり山道に入っていく。車一台が通れる小道は、砂利や石ころ、ところどころぼこぼこになっていて、これでは車が傷みそう。それでもCさんは慣れたハンドルさばきでグーンと駆け上がっていく。15分くらい進んだら、急に平地のようなところに出てきた。辺りは真っ暗。ここはいったいどこなんだ?

まさにUFO基地があるのではないかという物静けさ。

車を止めてさらに丘を登っていく。懐中電灯も持たないで、よく進む道が見えるものだと感心しながら、みんなのあとを追いかける。以前、イスラエルのシナイ山に夜中に登ったが、それ以来の夜間登山だ。しかし、日の出を見るのではなく、UFOの飛来を見に行くので、それに出会える確率は運次第だ。まあ、なんでもいいから、旅は道連れという感覚でついていくことにしよう。でも早く眠りたいなというのが本音かな。

結局その晩は、それらしきものはひとつしか見えなかった。だんだん雲が広がってきて、空が覆われ、ＵＦＯ飛来観察に適さなくなったので帰ることに。Ｃさん曰く、「少しでも疑っている人がいるとやって来ないのよ。みんなの気持ちがひとつにならないとね」と。それって私のことなの？　わたしは現実主義者だから、目に見えるまで信用しないのだ。

　本音はここに昼間に来て、そこからの絶景や４０００年前に書かれたシュメール文字が刻まれた石を見たかった。

　ここからの眺めも最高。３６０度のパノラマが見えて、夜来たときに全くわからなかった景観が、今はっきりと目にすることができる。

　夏至の日に、石と石の間から太陽が昇ると宿の人は説明してくれた。これはたしか、アメリカインディアンのメディシ

押戸石の丘

これらの石の配置は人為と思われている。日本のストーンヘンジのようなところ

嘘つきは挟まれるらしい

ンサークルの指す位置から夏至の日の太陽が昇るという現象と同じだ。太古の人たちは、アメリカインディアンと同じように、ここで聖なる儀式をしていたのかな?

Cさんの水先案内で、熊本や宮崎の霊道街道の充実した旅ができた。また、この霊道街道の旅の間は好天に恵まれて、本当に運がよかった。そして8日の夜から雷が伴う大雨になり、9日の朝方にはところどころで水害が発生したらしいが、私たちは、おかげさまで行きたかったところをちゃんと見せていただけて感無量だ。合掌。

▼余談「やっぱり食物で締めくくる」

おすすめ情報として熊本交通センターホテルの3階に「桜」というダイニングバーがある。お昼のランチバイキングは35種類以上のおかずが揃っていて、なんとこれで800円（当時）という驚きの値段。味もさすがホテルのレストランだけあっておいしい。私は11時40分くらいに行ったので、ちゃんと席が取れたが、12時になったらサラリーマンたちでごった返して、もう満員御礼。

熊本とはこれでおさらばなので、最後の瞬間を味わおうと、うまいうまいと感動しながら食べていたら、なぜか前方窓際の席で食事をしているサラリーマン風の男性が気になる。彼とはどこかでお会いしたような、何か不思議な感覚があった。が、メシが優先だということで、別に気にせずに食べていた。するとその男性が立ち上がって、会計をしにレジに行く前に私のテーブルにやって来た。そして、「あのー、熊本スピコン（スピリチュアルコンベンション）に出られていた方ですよね？」と尋ねてきた。

やはり、どこかで出会っていたのだ。同業者だったのだが、サラリーマン風に見えたのは、普段は某銀行に勤めているからだそうだ。また、最後にシンクロが起きて、私の霊道街道の旅は締めくくられた。もう一度熊本に来たくなった。再合掌。

▼その4　締めは龍神温泉で「龍神温泉で起きた超常現象」２００５年８月４日

あるとき、チベタンタンカ（チベット仏教の曼荼羅）を購入していただいた龍さんから、和歌山県の龍神温泉にチベタンタンカの曼荼羅美術館があるから行きませんかとお誘いがあった。

ふむ、チベタンタンカを日本で販売していることもあって、「これはタンカを奉納しに一度行ってみねば」という気持ちになって、龍さんにぜひお願いしますとお頼みした。しかし、龍神温泉に行くには高野山に登って、くにゃくにゃした道を通っていかないといけない。そこでまずは、高野山で弘法大師にお参りをしていくことになった。何か、ミステリアスなところだ。それは中国の桂林の水墨画の世界に似ている。

高野山からさらに1時間くらいのところにある龍神温泉は、実にひっそりとした場所にあった。この隠れ湯は、実は日本三美人の湯として知られている（ほかに群馬県の川中温泉、島根県の湯の川温泉が日本三美人の湯）。

弘法大師が難陀龍王の夢のお告げによって１３００年くらい前に開いたところから、この名がつけられたそうな。実際、お湯につかってみると、ぬるっとしている。

水がちゃんと濡れている。これは表面張力が低くて、クラスタが拡散していることを意味する。私たちが摂取するのに非常に理想的な水である。つまり、肌や細胞に浸透する力

高野山から龍神村へ向かう途中の水墨画の世界

高野山の水掛け仏像

が強い（水に関する情報は「神秘の水」168ページを参照）。

露天風呂で肌を潤わせて部屋に戻ってくると、龍さんがおいしいお水とワイン、ジュースを部屋に持ってきてくれた。ほろ酔い気分になって、その日はぐっすりと寝た。

翌日、朝起きて異変に気づいた。

それは携帯電話がなくなっていたことだ。

「おかしいな？　昨日、ここは圏外になるので、電源を切って、それを部屋のどこかに置いておいたのだが？」

実際、龍さんも昨夜、部屋に来たとき、携帯電話が床に転がっているのを見て、「あっ、シルバーの携帯ね」とそれを目撃していた。

たしかに部屋に置いておいた。そしてそのあと、食事をしにいったときも、花火をしにいったときも、お風呂に行ったときも携帯は持っていかなかったはずだ。部屋に来たのは龍さんだけ。ほかに金銭を取られたり部屋が荒らされたりした様子もない。あとで携帯の会社に連絡をとったが、別に悪用された形跡もない。

部屋や荷物をまんべんなく探したが、どこにも見当たらない。本当にどこかに消えてしまったようだ。

こういった超常現象は前にも経験したことがある。

去年（2004年）、ドラゴンズの優勝セールで買った時計を家に帰ったとき、腕からはずして机の上に置いた。そこまではちゃんと憶えている。ところが翌朝、それもどこかに消えてしまった。

同じように、空き巣に入られた形跡はないし、お金はなくなっていない。時計だけが消えうせた。まだ2回くらいしか身につけていないお気に入りだった。そのなくなる前に、私は何をしていたのかを振り返ると、「りょう」さんという人とランチをしに国際センター内の中華レストランに行った。たしかにその時には腕時計をしていた。家に帰ってきて、それをはずしたところまで思いだした。そして部屋の中をくまなく探したが出てこなかった。

今度はおそらく「りゃあ」さんという人に出会ったとき、また何かがなくなるかもしれない。どうしてこんなに非物質化現象が私に起きるのだろう?　全くもって気味が悪いだけでなく、ぐったりする。

気分を入れ替えて、散歩をすることにした。曼陀羅の滝が徒歩20分くらいのところにある。神秘的な名前だ。

曼陀羅の滝には次のような言い伝えがある。

被爆者が失明寸前の時、この滝で洗眼治療し、全治した。

この滝は弘仁年間、弘法大師が難陀龍王のお告げによって泉源を得たとき、命名したと伝えられている……。

私も試しにこの滝で目を洗ってみたが、その後しばらく目がすっきりしたような感じだ。水こそが生命力の源泉である。

次はいよいよ曼荼羅美術館である。

ここは規模こそでかくないが、かなり古いタンカが飾られている。ホワイトターラやグリーンターラ、千手千眼観音は私のタンカ販売でも売られている菩薩さまたちだ。書き込みノートもおいてあるので目を通してみる。ひとつ役立つ情報が書いてあった。

曼陀羅の滝

マンダラとは？

マンダ（本質）＋ラ（持ったもの）

仏性が本質で宇宙の森羅万象が仏性を持っているからこの宇宙そのものがマンダラだ。

なるほど！　宇宙の森羅万象が仏性を持っているから、なくなった私の携帯や腕時計もとうとう悟って昇天したのか。それにしても私よりも先に行くとはふとどきものめが。

やっぱり、曼荼羅美術館にこの教えを学ぶために来たようだ。貴重な教えだったね。

もうひとつ、この龍神温泉に連れてきてくれた龍さんからお聞きしたことで、納得したお話があった。

それは天安河原でデジカメに写った白玉軍団のことだ。龍さん曰く、「それは〝たまゆら〟のようね。別に悪いものではないわ。エネルギーの高い人に来るエンジェルのようなものよ」と、またまた納得。

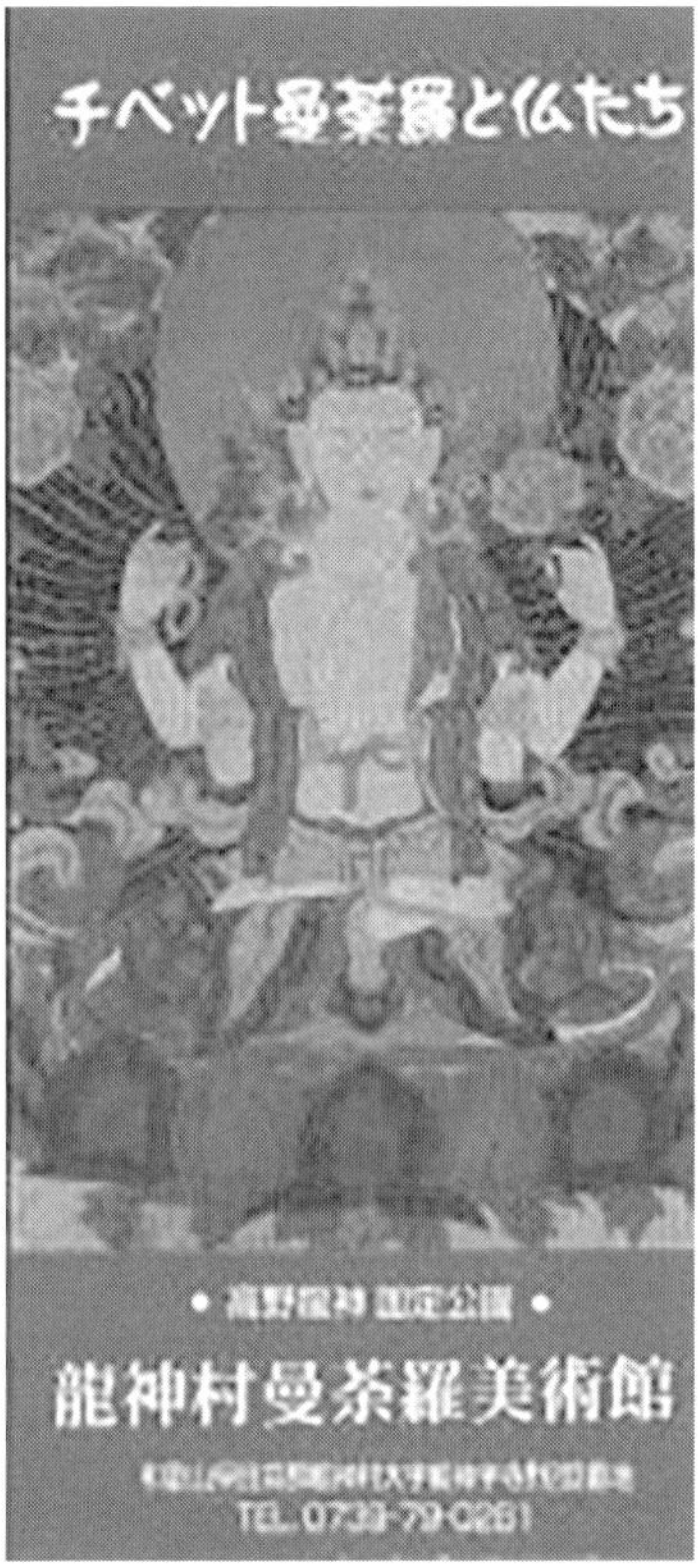

龍さんは子供のとき、尾っぽがひゅるひゅると長～い火の玉を目撃したそうで、そのときの記憶が頭の中にこびりついているとのこと。

彼女の視野もマンダラ的な見方だ。

この宇宙そのものがマンダラだから、それを良くするのも悪くするのも人間のマインドのようだ。もう一度、何かを聞いたり、見たり、感じたりして、ジャッジする前にマンダラの教えを思いだしてみようではないか。

霊道街道を行く　2　九州縦断の旅
福岡から鹿児島までの神社めぐり

▼その1「旅は再び福岡から始まった」
2007年11月16日

一応、形として仕事で九州に来るのだけれど、なぜかいつも霊道街道の旅になってしまう。

福岡でひと仕事を終えたあと、熊本の小国に向かった。

そこでワークをして、次の日時間があったから、早速、押戸石の丘に登ってみた。

ここは360度のパノラマが展望できる穴場スポット。以前、霊道街道の旅でも訪れ、九州に来たら必ず立ち寄る必須霊道ス

最高の天気。秋の気配がする押戸石の丘

あの岩の間から冬至のときに太陽が沈んでいくと教えてもらった。

あまりの気持ちのよさに瞑想する運命の旅人

ポットだ。この近くに全国でも人気ナンバーワンの黒川温泉があるのを今回初めて知った。

紅葉に彩られた祐徳稲荷

▼その2「佐賀の鹿島へ」

2007年11月21日

鹿島へも仕事で出張。その合間に祐徳稲荷に参拝。

この祐徳稲荷は日本三大稲荷のひとつと聞いて、これはぜひ行ってみようということになった。本殿からさらに奥の院に登る道はかなり急で、不均衡に並べられた石段を登っていく。

片道30分かかったと聞いていたけれど、実際に私たちが登った時間は7分たらず。奥の院は意外と小さかったので、思わず掃除中のおばさんにこれは奥の院ですかと尋ねてしまったほどだ。その奥の院の手前に見晴らし台があって、そこから有明海が見渡せる。

奥の院への入り口

奥の院へ向かう途中のお地蔵さん

▼その3「天岩戸神社へ再び」

佐賀から高速道路に乗って熊本で降り、昼食にアマゴを食べ、近くの神社で水を汲み、最後にソフトクリームを食べて一般道を通って、天岩戸まで一気に進んでいく。

ここまでは非常に順調に進んだ。ところが、天岩戸には観光バス、車、人、こんな人ごみは前回来たときには目にしなかった。やっぱり3連休の中日だからか、それともスピリチュアルブームからなのか、いずれにせよ天岩戸は本日大盛況。

人々が積み上げた願いの石

▼その4「そして宮崎へ――青島神社」2007年11月25日

宮崎のパームビーチホテルで開かれたスピコンに出席。人はそれほど集まらなかったけれど、会場のロケーションが最高。

11月25日は満月。会場から出て海を眺めると、夕陽と見間違えるくらいの真っ赤な満月が海面に昇っていた。

その夜、仲間と一緒に宮崎名物のチキン南蛮を食べてから、青島神社の方に向かってビーチを散歩していたら、桟橋のところで一人が「何しに来た！」というメッセージを受け取り、もう一人もそのような殺気を感じたらしい。夜、神社に参拝するのはよくないことを、そのとき初めて知った。と

宮崎市内にあるチェーン店「おぐら」の人気メニューチキン南蛮。
タルタルソースが甘酢漬けされたチキンにかかって、とにかく美味しい

りあえず宿に戻って、翌日の早朝、再び青島神社へ。

このときは、朝日に照らされた雲が真っ赤に染まって、青空に素敵な模様を描いていた。

朝日に照らされた雲を仰ぎ見ながら青島神社へ

▼その5「鵜戸神宮から桜島へ」
2007年11月26日

宮崎から南下して鹿児島へ向かうことに急遽決定。その前に途中にある鵜戸神宮を経由した。ここは断崖の中ほどに位置し、本殿は海食洞窟の中に立っている。駐車場から鳥居をくぐって上に登り、そこから下に降りて本殿に進むという不思議な神宮。

海食鵜戸神宮

本殿は洞窟の中に

鵜戸神宮を後にして、さらに南下。

その晩は、いったんフェリーで鹿児島に渡り、知り合いの知り合いにおいしくて安い地元のレストランに連れていってもらい、黒豚丼と天婦羅、刺身セットをご馳走になってしまった。

地元に知り合いがいると、どこでおいしいものが食べられるのかを教えてもらえるので、本当にラッキーだ。

途中、桜島を見ながら足湯に浸かれる
道の駅を発見

翌朝、再びフェリーで桜島へ。あいにくの曇り空だが、桜島はくっきりと見えた。かなり迫力のある男性的な活火山だ。

いやあ、これだけでここまで来た甲斐があった。最高に幸せです。

桜島

桜島でも私の守護岩であるイーグルロックを発見
セドナでも似たような岩があった

大正３年の噴火で埋もれてしまった鳥居。恐るべし桜島の威力

▼その6「締めは霧島神社で」2007年11月27日

いつまでも霊道街道の旅を続けられないのは残念だけれど、名古屋に帰って仕事のときが来た。

帰りは熊本からなので、その途中にある高千穂河原の霧島神宮に参拝してから熊本に向かうことにした。桜島でゆっくりしたので、霧島神宮にあまり時間をかけられないのは残念だが、ここに寄らないという手はない。桜島の海の匂いから高原の匂いに一転。

紅葉がまぶしい霧島神宮への入り口。

森の匂いを放つ霧島神宮

高千穂河原は邇邇芸命（ににぎのみこと）が降臨したと言われるところ。古宮跡

高千穂河原に行く途中で鹿と遭遇。しかし、向こうはこちらを興味深そうに眺めていて、遠くに逃げていこうとしない。フラッシュが彼らのところまで届かなかったようなので、ミステリアスな写真になってしまった。

進路を北北西にとって熊本空港に。これで霊道街道の旅も終わりです。

これは何でしょう？　3頭の鹿でした

あとがき

兄が亡くなってから10年の月日が経とうとしています。そして、兄が望んでいたであろう旅日記をやっと本にすることができました。その旅日記を読みながら、普段、私たち家族には見せてこなかった兄の姿を垣間見ることができ、数多くの良い出合いと様々な国での貴重な体験に溢れた人生は、兄が生前言っていた「人生とは祝祭だ！」という言葉がぴったりだと感じました。

兄は高校卒業と同時にアメリカに渡り、1年目はペニンシュラカレッジへ入学、2年目はテネシー大学、3、4年目はカリフォルニア大学で学びストレートで卒業しました。日本では考えられないような自由な大学での学び方を十分に活かし、自分にとって必要なベストなものをこの頃から追求していたように感じます。

兄が大学生だったころ、私は両親と一緒に初めての海外旅行で兄のいるアメリカに行きました。そして、兄が大きなアメ車でロサンジェルスやラスベガス、グランドキャニオンに連れて行ってくれましたが、アメリカの広大さにとにかく圧倒されました。その時、兄が在学していたのはカリフォルニア大学サンタバーバラ校でその敷地内には24時間開かれている大きな図書館があり、大学の裏の方に行くと海岸に出るという日本では考えられないようなそのスケールの大きさに感動しました。

そして、街中で行き交う人々とは笑顔で目配せをして通りすがり、時にタバコやライターを持っているかと気軽に声をかけられ、レストランに入ると店員さんたちはとてもフレンドリーで、その雰囲気はまるで自分がアメリカ映画の中に入ってしまったようなカッコ良さと受け入れてもらえているような喜びを感じました。

卒業後、兄はしばらくアメリカの寿司屋で仕事をして職人としての腕を磨き、その後南米やヨーロッパを文字通り包丁一本で旅しながら日本に帰国しました。その当時、日本ではまだ珍しかったアボガドを使ったカリフォルニアロールやその頃話題となっていた映画ETから発想を得て兄が考えたETロールなどを作って私達家族にも振る舞ってくれました。

そんな旅の出合いの中でインドに導かれ、結局7年近くをインドのプーネにあるOSHO（オショー）のアシュラムでヨガを始めとする様々なワークを受け、チベタンパルシングという ヒーリングに出合いそれを自分の仕事とするようになりました。文中にも出てきますが、兄が別に書いていたものをここに引用します。

チベタンパルシングヒーリングの主な目的は病気や精神的な不安をただ癒していくことではなく、どんな情況においても自分の生まれてきた意義や人生で経験してきた事を真に理解して、思い込んでいた事や苦しみ、悲しみ、怒りなど自分の中にある暗闇に光をもたらしていくことです。

内側にある惨めさを忘れようとしてパートナーを求めようとしたり、金儲けにこだわったり、一時的な快楽に浸ったりするような外側に目を向けてばかりいる代りに、自分の内側を見つめて、そこに何があるのかを感じて、意識を変容することができます。

私はこのヒーリングを受けたとき、寝ているような起きているような、何か大きなあたたかい流れの中にいるような感じがして心地良かったのを今でもよく覚えています。そして、ワークショップを手伝った時にお客さんから「あなたのお兄さんは、私の命の恩人です。私はずっと死にたいと思っていたけれど、あなたのお兄さんのヒーリングを受けていたら、いつの間にかそんな気持ちが消えていたんですよ」「自分の事が信じられるようになり気持ちが明るくなりました」「ヒーリングを受けている間は虹のような光に包まれてとても幸せを感じました」などの感想を聞かせてもらいとても嬉しくなりました。

そして、数年後にヒューマンデザインシステムという占星術のようなものも仕事にするようになりました。それはチベタンパルシングで欠けている何かを補ってくれるというようなことを言っていました。その当時、生年月日の他に生まれた時間や場所までも必要としていた占星術はありませんでした。そのためとても詳細に自分のことや家族などとの関わりが理解できるものでした。国内外で口コミが広がって日本では兄のお弟子さんと共に講座を拡大する計画や外国の友人とは本を出す計画を立てていたようです。

　このように仕事において基盤が整いこれからと言うとき、兄はベネズエラのカラカスで合併症による肺炎で息を引き取りました。２００９年12月の暮れ、私と両親はまるでお昼寝をしているようなおだやかな表情で永遠の眠りについていた兄と対面しました。何度も病院に足を運んでくれたカラカスの友人は、亡くなる数時間前までパソコンで自分の仕事をしていたことやお医者さんや看護婦さんたちともいつも楽しそうに話していたことなどを教えてくれました。最後まで自分の天命である仕事に喜びを感じて、兄が「真実を求める探求の旅」の中で天に還る事ができたのは、ある意味本望であったのかもしれません。

　その年、兄は高校卒業以来、初めて家族とお正月を一緒に過ごしたり、10月は両親の金婚式であったため、兄がお祝いをしたいと2泊3日の旅行をプレゼントしたりしました。家族みんなで出かけたその旅行先は北海道で、両親の懐かしい新婚旅行の場所でもあり、兄の思いやりの深さに驚いていました。ところが旅行の最終日、どこかを観光するのではなく地元の地域センターで開催されるファーマーズマーケットに向かったのです。

　地元の人たちが作った農産物や手作りのみそやお菓子などが売られている中、自分のブースを構えて仕事の準備に取りかかりました。マイペースを貫く兄の旅程の組み方に、私と両親は顔を見合わせて吹き出してしまいましたが、それまで一匹狼のように生きていた兄のイメージが一変し、素朴な地元の人たちの中に溶け込んで談笑していた兄の姿は今でも忘れられない最後の思い出です。

その翌11月には、父と二人だけでマイアミのクルーズに出かけました。その2年くらい前から兄が父の話をよく聞くようになって、二人の関係性が良くなっていました（と言っても兄が実家にいるのは1年のうちの数日だけでしたが）。クルーズから帰国した父は兄との二人旅がどれほど楽しかったか、写真を見せながら何度も旅の様子を話してくれました。兄は、今までできなかった親孝行をこの1年で全て終えて旅立ったのです。

その後、兄の訃報を知った多くの友人達が、次々と実家に手を合わせにきてくださり、また海外からもたくさんのお悔やみのメールをいただきました。四十九日には、OSHO関係の友人達がセレブレーションと呼ばれるものを開催して兄を追悼してくれました。私達家族は、兄を失い戸惑いどうしていいかわからない日々、彼らにどれほど励まされ癒され力をもらったことでしょうか。ありがたいことに今でも彼らは兄を思い、実家にお参りにきてくれたり連絡をくださったりしています。人の縁とは不思議なもので何かを失えば別の何かが補ってくれるかのように新しい人生へと光を放ち導いてくれているようでした。また、兄が行ってきたことが人の役に立つものであり大切なものであったことを伝えてくれたようにも感じました。今でこそ、ヒーリングという言葉は生活に密着し良いイメージがありますが、兄が始めた頃は、目に見えないどこか怪しさを漂わせたもののように社会では捉えられていたように思います。

モノに溢れ何でもできてしまうのに、生きづらさを感じる人が少なくないこの時代、様々な瞑想法やヒーリングがある中で、兄のチベタンパルシングの次の言葉が今の私にはとても心に響いてきます。

心臓の鼓動によって引き起こされた脈は電磁的な力をもたらす愛で、内側に意識を向けさせます。そして内側から外に向かって変容を起こさせ、今ここに存在する意識をもたらします。それは人が存在する真の価値で、それ以上の真実はあり得ません。

最後に、この本の出版にあたりお世話になりました文芸社の山田宏嗣さん、鈴木美和さん、その他制作に携わった文芸社の皆様、木颯舎の山上晴美さん、そして、この本を手に取って読んでくださった全ての皆様に心から感謝申し上げます。

※この本は、兄がホームページ上に載せていた気ままな旅日記をまとめたもので、世界118カ国を訪れたもののここに掲載したものはごく一部の国であることや日付など色々と不明な箇所がありますこと、ご理解くださいますようお願い申し上げます。

鈴木貴美子

タジキスタン
チェコ
中華人民共和国
チュニジア
チリ
デンマーク
ドイツ
トリニダード・トバゴ
トルクメニスタン
トルコ
ナミビア
ニカラグア
ニュージーランド
ネパール
ノルウェー
ハイチ
パキスタン
パナマ
バハマ
パラグアイ
ハンガリー
バングラデシュ
フィリピン
フィンランド
ブラジル
フランス
ブルガリア
ベトナム
ベネズエラ
ベラルーシ
ベリーズ
ペルー
ベルギー
ポーランド
ボスニア・ヘルツェゴビナ
ボツワナ
ボリビア
ポルトガル
ホンジュラス
マケドニア
マダガスカル
マレーシア
南アフリカ共和国
ミャンマー
メキシコ
モザンビーク
モナコ
モルドバ
モロッコ
モンゴル
モンテネグロ
ヨルダン
ラオス
ラトビア
リトアニア
ルーマニア
レバノン
ロシア
(チベット)
(南極)
(フレンチギアナ)

◉放蕩息子　訪問国　一覧

アイスランド
アイルランド
アゼルバイジャン
アメリカ
アラブ首長国連邦
アルジェリア
アルゼンチン
アルバニア
アルメニア
イエメン
イギリス
イスラエル
イタリア
イラク
イラン
インド
インドネシア
ウクライナ
ウズベキスタン
ウルグアイ
エクアドル
エジプト
エストニア
エスワティニ
エルサルバドル
オーストラリア
オーストリア
オマーン
オランダ
ガイアナ
カザフスタン
カタール
カナダ
韓国
カンボジア
キプロス
キューバ
ギリシャ
キルギス
グアテマラ
クエート
クロアチア
コスタリカ
コソボ
コロンビア
サウジアラビア
ジャマイカ
ジョージア
シリア
シンガポール
ジンバブエ
スイス
スウェーデン
スペイン
スリナム
スリランカ
スロバキア
スロベニア
セルビア
タイ

著者プロフィール

鈴木 善博（すずき よしひろ）

1983年カリフォルニア大学サンタバーバラ校ビジネス経済学部卒業。以後、アメリカでしばらく生活した後、南米に旅立ち世界放浪の旅が始まる。

1988年インドでOSHOと出合いAKAMPAの名を授かり様々なヨガを始めとするワークを受ける。

1995年からチベタンパルシングヒーリングのワークを横浜で始め、その後ヒューマンデザインシステムの仕事も始める。

2009年12月27日永眠。享年49歳。

アカムパの世界放浪日記 118カ国を旅した放蕩息子の旅日記

2019年11月1日　初版第1刷発行

著　者　鈴木 善博
発行者　瓜谷 綱延
発行所　株式会社文芸社
〒160-0022 東京都新宿区新宿1-10-1
電話 03-5369-3060（代表）
03-5369-2299（販売）

印刷所　株式会社平河工業社

ISBN978-4-286-21006-3